GOBOOKS
& SITAK
GROUP©

高寶文學
GLA020

# 生活越簡單，心靈越自由

小野 著

# 目錄
CONTENTS

## 第三部 感情極簡 不攀附、不將就



## 第四部 物質極簡 不迷戀、不堆積

# 目錄
CONTENTS

# 第一部 越簡單，越精緻

只有不持有
才能看清每件事物的價值、對你的意義
只有不持有
才不會被欲望所束縛

# 過不持有的生活

在閱讀這本書之前，我想問你一個問題：你覺得此時此刻的你擁有什麼？請閉上眼，認真思考一分鐘。

當你睜開眼的時候，你的眼前一片陽光。相信你在這一分鐘的時間裡，想到了貼心的親人和伴侶、乖巧的孩子、還算不錯的工作、幾個能聊得來的朋友、一間雖不大但是很溫馨的房子、一輛可以走過天涯的小轎車、一隻可愛的狗狗或貓咪、也許還有可觀的銀行存款等。但是，親愛的，請你再認真想一想，當你老了，坐在陽光下曬太陽的時候，你又擁有什麼呢？剛剛腦海中想的那些還在嗎？

你擁有的是免費的陽光、舒暢的空氣、生命的律動，簡單地說，是你自己。

也許你會覺得這麼說過於天真，也許你會說，不對，我明明擁有那麼多，怎麼都不算呢？你要知道，親愛的，那些都是點亮你生活色彩的裝飾品，是你努力奮鬥的結果。所以你看，其實你擁有的是你自己的思想，你想到了什麼，你自己去努力實現，才擁有了那些物質生活。

而生活本身，是不持有的。

這也是這本書所倡導的，你要跳出「我執」的想法，當那些迷亂的物質都被清除後，留下的將會是心靈真正的渴望，你將會體會到純粹而又單純的樂趣。**這就是不持有的意義，簡單、自由即最美，除此之外，皆可不要。**

日本自由文字工作者金子由紀子曾大力倡導「不持有的生活」，這種生活並非省吃儉用或者家徒四壁的節約生活，而是不持有「非必要物品」的生活態度，沒有雜念擾亂內心、抑制購買廉價物品的衝動不去十元小店等。金子由紀子的觀點是：

超過自己管理能力的物品，不持有；

不留戀的物品，不持有；

無法回歸自然或轉讓給其他人的物品，不持有；

和自己或自己的生活風格不符的物品，不持有。

而極簡的生活，首先要學會「不持有」和「放下」。**若能放下，你就強大。**不管是感情或物質，都要學會放下。只有不持有無用的欲望，放下雜念，才能夠找到真正的自我。**在短暫的生命中將一些我們不是很想要的東西捨棄，把時間時或空間留給更重要的人、事、物。「用少量物品過悠閒生活並從中獲得快樂」的生活，才是生活純白的本質。**

你可能會說，我這麼努力生活，就是為了好好享受生活，不擁有的話，我還怎麼享受人生呢？你錯了——**享用一樣物品，未必要真正持有它。**例如，你不必擁有一個每天打理直到厭煩的花園，你可以去家旁邊一百公尺的街心公園，去那裡享用它的美好和新鮮空氣，順帶還鍛煉了身體。只要你願意，整座花園都為你所擁有；你也不必擁有那些藝術家的作品，把它們藏在黑暗的箱底直到遺忘，你可以去五公里外的藝術博物館，在那裡盡心看過每一幅字畫，欣賞每一處細節。只要你願意，整座博物館都為你所擁有。如此看來，你也不必擁有跑步機、游泳池，開闊寬敞的馬路、微風徐徐的清晨公園，全都可以成為天然舒適的跑道。

客觀地看待事物，抱著「不持有」的心，才能看清每件事物的價值以及對你生命的意義。不要被欲望和貪念束縛，那是生命的無底洞，你會迷失掉自己，最後被吞噬所有。不要用寶貴的時間和精力去跟一些廉價、不喜歡、根本不用的東西相

你不必擁有那些藝術家的作品，把它們藏在黑暗的箱底直到遺忘，你可以用好看的落葉、果實拼出一幅自己的藝術作品。

處，不要過被雜物拖累的人生，不讓物欲泛濫。只有物質進出平衡，身心才能得到平衡。人的需求總是在變的，每個階段都有每個階段的需要。所以，不能固執地將自己困在一個點上，執著於物質的結果，無法讓自己接受新的事物，或者影響新的事物。世界每天都在變化，每天的你也都不一樣，以流動的態度看待事物和自己，定期審視自己，看看自己是否快樂，是否想要的過多而放下的太少，是否執著於不必要的東西。

如果說在物質匱乏的年代，人們需要靠囤積物品來增加安全感的話，那麼，在這個任何物品都唾手可得的年代，我們已經能夠實現窗明几淨、家無一物的輕鬆生活。

可以說，要過不持有的生活，現在正是最好的時代。生活中的每一個時刻，都是美的，只看你的心是否能夠領悟。

極簡，才是最有力的生活。

P.S. 另外，請你牢記，最好的東西都是免費的：雨後的藍天、花香，還有親愛的老爸老媽。

# 極簡力是身心的加法

幾年前我出差的時候，順便去一位很久不見的朋友家拜訪。臨別時，她從陽台拿出幾大袋的圖書，說她正在追求極簡主義，這些都是一時興起買下的，基本上都沒拆開過，白白放著占用空間，扔了或者賣掉又太可惜。知道我是愛書之人，問我是否可以收下。我簡直如獲至寶，心裡喃咕：「什麼簡約主義啊！我可別染上了！好好的東西去送人，我可捨不得！」。隨即拖著幾個大袋子坐火車又搭汽車，不辭辛苦地背回了家。然後呢——那些書只看了十之一、二，剩下的我也沒翻過，要嘛是沒時間，要嘛是不感興趣。總之，它們常年堆放在書櫃的最底層，佔用了大半個空間，暗無天日。

近幾年由於生活穩定，家裡的東西越來越多，深感空間不夠用，房子不小卻顯得凌亂擁擠，本來寬敞空蕩的各種櫥櫃也變得逼仄狹窄，每每開啟的時候都小心翼翼，生怕塞得太滿會掉出來。

小時候經歷過物質匱乏的年代，不浪費物品的思想一直深植內心，一針一線都要珍惜。導致後來我以為擁有得越多，生活就會越富足，卻不知生活被越來越多的東西所淹沒，心也隨之迷失。花在家務上的時間和精力與擁有物品的數量成正比，一但疏於收拾整理，家裡就會一團亂，很多需要的物品動不動就玩「失蹤」，新買的東西也時常不知道放在哪裡。家本來是一個休息舒適的地方，結果卻因物品的數量而讓身心得不到放鬆，心生逃避之後，我陷入了嚴重的自我責備與自我厭惡中。

直到有一天，當看到書櫃中朋友送的幾大包書的時候，我想通了。這些東西真的都是我所需要的嗎？這樣不斷惡性循環的生活真的是我渴望的生活嗎？

誰也叫不醒一個裝睡的人，一個人改變自己的前提是他內心渴望改變，這樣才能觸發關鍵點。而改變一個人最重要的是觀念，觀念決定習慣，習慣決定行動。

而我渴望改變。

我開始嘗試和朋友一樣，過極簡的生活，也逐漸體會到極簡不是一無所有，而是另一種擁有。

我們並不是要拋棄自己，無欲無求。而是要正視自己的需求，正視自己的擁有。極簡不是生活的減法，它是身心的加法。

只有不再擁有過多的東西和欲望，人的精力才能從中解放出來。當你的目光不再被那些繁雜的事物所迷惑時，真正的生活就會自然地出現在你的面前。再簡單不過，卻又再美麗不過。當外在的誘惑少了，內心才能得到真正的快樂。

也許很多人跟我一樣，在剛開始的時候放不下。認為擁有才是最好的，覺得當自己有那麼多東西時才是幸福的。外在的誘惑對他們而言，是那麼美麗，他們用了那麼多的精力和時間去追逐那些所謂的美好。可當心靈和物質空間被這些東西堆積得無法呼吸時，剩下的只有迷茫。這就是為什麼在這個物質和精神世界都極為豐富的當代，還有那麼多年輕人不快樂，甚至患上憂鬱症。

現在的生活節奏如此之快，別再讓外物對你造成不必要的拖累，嘗試把你的家變成一方淨土，為負荷的心靈減壓，只有心「簡」了，才能算是真正意義上的「極簡」生活。

**生活做減法，身心才能做加法。**

只有不再擁有過多的東西，不再被過多的感情所糾葛，不再被過多的牽掛所束縛，不再被外界那些誘惑擾亂心智，才能有更多的時間去關注自己，發展自己，尋找自己的方向和路，傾聽內心最真實的聲音。

只有摒棄了那些干擾我們的因素，才能夠真的潛下心來去做一件事情。專注地、無他地、全身心地進行自己的生活。

不再迷茫，不再猶豫，不再在眾多選擇前躊躇不決。當你知道自己想要什麼的時候，輕裝上陣才能走得更快、更穩。

當我把幾大包的圖書和其他零碎整理之後，我發現我的內心前所未有地快樂起來。每天早晨溫煦的陽光照在床上，爬起身來，伸了個大大的懶腰，看向窗外因無障礙物阻擋而一覽無遺的美景，看到每一處都閃耀著光芒，簡簡單單，生活是如此美好。

# 你的身體和心靈都需要減輕負擔

我的朋友玲子，內心和身體都是「虛胖」。

玲子今年大學畢業，在一家外商做銷售助理，初入職場，每天上班、下班、應酬，忙得團團轉，恨不得睡覺的時候都在工作，根本沒時間去做自己想做的事情，我們約她小聚也總是推拖掉說要加班。半年後的一天，當她終於出現在聚會上的時候，嚇了我們一跳。二十二歲本應水水嫩嫩的臉蛋，蒙上了一層灰，整個人像洩了氣一樣有氣無力。她說她迷惘了，每天這麼拚命工作，年底的時候發現自己除了胖了五公斤之外，什麼都沒有，突然找不到人生的方向，不知道為什麼而活。

玲子向我們描述了她目前的生活狀態：工作壓力很大，下班回家累得妝都懶得卸，倒頭就睡。晚餐吃調理包食品或者叫外賣來填飽肚子。經常消化不良，不規律的生活引發內分泌失調，導致虛胖，臉上直冒青春痘，用再貴的保養品也無濟於事。

為了調理身體，玲子和眾多白領一樣，選擇去醫院、美容院進行調理。錢花了很多，但還是老樣子。看著發胖、長痘、臉色鐵青的自己，玲子越來越不快樂。所以才找我們吐苦水。

這時候，我想起了我的另一個朋友阿蘭。

阿蘭比玲子大五歲，看起來卻比她年輕很多，皮膚保養得非常好，帶有一種自然的美感。每天都很快樂，是眾多人羨慕的「女神」。

有一天，她約玲子去吃飯，選了一個十分樸素的地方。店內包廂的擺設很簡單，白色的椅上沒有任何裝飾品，地面也是白的，只有在店的一角有一株高大的植物。玲子見慣了琳瑯滿目的裝修風格和裝飾品，這樣簡單的裝飾反而出奇地舒適。

「你的不快樂在於想要擁有的太多，那些都不是必要的，太複雜和太多的負擔只會讓我們活得很累。」阿蘭一句話點破了玲子，她告訴玲子，自己之所以顯得年輕，是因為心靈一直都很放鬆。她每天都有著自己的生活模式，即使工作再累，下班後也不允許自己把這份疲憊帶回家中。

「我們的精力只有那麼多，你在無所謂的事情上消耗得越多，留給自己的就越少。總是去外面應酬，玩到很晚，自然會休息得不好，緩不過來。總是放不下很多事情，心就會很累，感覺一直負著重擔前行。總是不能捨棄無用的東西，家就會成為垃圾場，住在垃圾場中，整個人自然不會好起來。總是把簡單的事情弄得複雜，人就會很疲憊，最終身心都勞苦不堪。」

「可是我要怎麼做到像你這樣呢？」玲子覺得自己也該有所改變了。

阿蘭笑著要玲子請幾天假，跟自己住幾天。在這幾天中，玲子關閉了手機，每天跟著阿蘭一起早睡早起，自己在陽台種菜收菜，不用化妝品，只喝清水，每天慢跑一小時。一週之後，奇蹟般地瘦了二點五公斤。

玲子恍然大悟，自己的內心和身體，都是「虛胖」！我們被欲望撐得「虛胖」、被物質撐得「虛胖」、被壓力撐得「虛胖」、被聲色世界撐得「虛胖」，我們改變不了這個「虛胖」的世界，但是我們可以改變自己的內心，讓它回歸安靜，「瘦」下來，美起來。

我們的精神如果一直處在疲憊狀態，就沒有更多的精神去做想做的事情，也沒有更多的心思去思考自己的生活。就會如玲子一樣，陷入焦慮迷茫的狀態。

過多不必要的社交生活也會影響一個人的身心健康，令人感到疲倦。或許當下是快樂的，但過後該面對的依舊要面對，精力反而變得更差，更沒有心思去改造自己的生活。

追求幸福，追求快樂，就要簡單地生活。讓身體和心靈都得以放鬆，讓它們處在最好的狀態。你要知道，疲憊的人是無法走太遠的。

玲子隨著阿蘭生活幾天後，悟出了這些道理，她決定用行動改變生活。回到家中，玲子將家裡收拾得乾乾淨淨。把那些不穿的衣服和鞋子整理好捐給慈善機構。將那些精美但沒用的裝飾品送給朋友們作為禮物。將家中所有不需要的東西都扔掉。用多功能的收納將亂七八糟的東西放得整整齊齊。一下子，家好像變大了很多。

拉開窗簾，陽光透進來，屋子立刻變得明亮。玲子感受到那種舒適，整個人放鬆了下來。

玲子盡量少加班，下班後不再點外賣，而是回家為自己做上一桌簡單的飯菜。每天吃完飯就去外面散步遛彎，回來後看看書，敷面膜睡覺。經常給父母打電話，偶爾和關係要好的朋友出去。

簡單的新生活過了沒多久，玲子有了改變。皮膚狀況變好了，胃不再噁心不消化，體重也恢復了正常，不用再去醫院和美容院。她的狀態就像是變成了另一個人，不用那些昂貴的保養品，皮膚自然變得紅潤光澤。精力充沛，好像獲得了新生。

更重要的是，玲子現在樣有一顆純潔、意氣風發的內心。

當你能清晰地看到未來的時候，請你和玲子一樣，選擇改變。

# 少就是多

在一百多年前，美國的一名哲學家曾經在湖邊建了一個小屋。他拋棄了當時自己所擁有的一切，獨自一人，安靜地思考、生活。兩年後，他把這種生活寫成了一本書——自然樸素主義的文字著作《湖濱散記》（又譯：瓦爾登湖）。這個哲學家就是梭羅。

梭羅畢業於世界聞名的哈佛大學，他可以和當時很多人一樣從商或者從政，身為家族最後一個男嗣，他可以和很多人一樣選擇去闖蕩花花綠綠的世界。

但他沒有。

他選擇了心靈的自由和閒適，選擇了瓦爾登潮。

在瓦爾登潮，他悟出了一個道理。

「如果一個人，能滿足於基本生活所需，便可以更從容、更充實地享受人生。一個人放下得越多，越富有。」一個人的時間和精力是有限的，如果這有限的精力和時間都被沒有必要的東西所浪費，那麼最終剩下、能夠自己支配的，就變得少得可憐。

生活中有太多的誘惑在分散著我們的注意力。我們想要這個、想要那個，我們的欲望很多，快樂很少。

就好像衣服越多的人，越不知道該穿什麼好，越覺得自己沒有衣服可穿。口紅越多的人，出門前越不知道該選擇什麼色號搭配。

我們有的太多了，反而無所適從。而真正需要的東西總是被埋沒其中。寶貴的時間和精力就在這無形中被浪費，我們也漸漸迷失在其中，尋找不到方向。太多的東西，讓我們疲憊不堪，甚至連身邊的幸福都無法抓住。

多，有時候並不能帶來什麼，反而會使人一無所有。

臉書的創辦人祖克伯就是極簡主義的奉行者，作為最年輕的億萬創業富翁，他又被稱為比爾．蓋茲第二。不管去哪裡，他都只穿最基本款的灰色短袖，無論是媒體採訪、演講，甚至領獎時，他都不會用花俏的服裝裝扮自己。對此，他說：「我希望我的生活能夠過得很清楚，因此我必須盡可能少作抉擇，我應該把精力花在如何給我的用戶更好的服務這件事情上。」

同樣，美國總統歐巴馬也有著一樣的理念，「你會看到我經常只穿灰色或藍色的套裝，因為我不想在吃什麼穿什麼這種事上浪費太多的精力，我還有很多重要的決策要做。」

越是成功的人，越知道如何精簡，越知道時間和精力應該如何分配。不被無所謂的事物所擾，將精力用在真正有意義的事物上。

精簡了物質、精簡了社交、精簡了愛好，就精簡了生活。留下來的是必需品，不必再為了選擇而浪費時間和精力。**不必在比較和挑選中，忘記自己的真實意圖。**

一切都是那麼簡單明瞭。少就是多，我們很清楚自己想要的是什麼。將有限的能量集中在一起，才能發揮最大的作用。分散開來只會讓自己的身心感到疲累。

不在乎數量，而在乎質量。少而精，是一個重要的概念。

人的能量是有限的，一但耗費在無關緊要的事物上，就沒有多少可以用在真正需要的事情上了。

因為少，所以專一，不必分心，不必瞻前顧後，能夠更為精進地去做一件事。

因為少，不用花費時間去選擇，讓自己更加從容不迫，淡然地面對眼前的事情，有更充足的精力和精神。

因為少，不用耗費更多能量去維護，給自己更多的時間去審視自己的需求，時刻了解自己、調整自己。

少一點物質占有，多一些精神體驗。**提升審美意境，內心回歸平靜。不害怕錯過什麼，也不擔心失去什麼，這才是人生最好的狀態。**

少一點物質占有，多一些精神體驗，
提升審美意境，內心就能回歸平靜。

你無需去買昂貴品種的花，大自然中的青草、綠枝盡是你可以發揮創意的素材。

# 與家庭整理收納相比，極簡是一種態度

「極簡？極簡不就是收拾東西扔東西嗎？這個還需要學嗎？」

一個春日的下午，阿雅坐在咖啡館的沙發上邊攪動咖啡，邊漫不經心地說出了這句話。

這並不奇怪，當我跟朋友說起「極簡」概念的時候，他們十之八九都是這樣的反應。

「極簡並不是像家庭主婦一樣，每天圍繞家裡的大事小情團團轉、洗衣做飯收拾碗筷這麼簡單，這只是家庭的日常事物，換成男方做，也是一樣。**極簡，是由外而內，再由內而外的心靈力量。**」

當我說到最後一句的時候，阿雅的攪拌匙頓了頓。

「跟很多人一樣，剛接觸極簡的時候，我也曾單純地認為，這不就是家庭收納斷捨離嘛！我天生就會啊！但是後來，事情並沒有像我想像得那麼簡單。當時的我堅持每天收拾屋子打掃房間，但是依舊覺得房子太小東西太多，內心如這堆滿的物質一樣，快要爆炸。你也知道我當時租住的小屋，根本放不下多少東西。後來，我開始關注自己，而不是物質本身。每增添一樣東西，我都會問自己：這是我必須買的嗎？有替代品嗎？有了它我的生活會更好嗎？這個問題我會認真地思考三天以上，如果確有必要，才會買回家。慢慢地，我學會了選擇，學會了思考，內心前所未有地自由，也無比快樂。

**「這才是極簡的藝術。它能清除你外在的干擾，讓內心輕盈，用清淨心看世界。你會變得無比快樂，整個人是放鬆的，但又極自律。這樣循環的正能量，讓生活變得豐富起來，連天空的雲彩都是美麗的，都是我現在擁有的快樂。」**

阿雅的眼睛亮起來了。她找我來談心，是因為剛剛跟老公吵架，原因是阿雅逛街看到一件衣服在打折，老公覺得這件衣服並不適合阿雅，而阿雅覺得價格還算合理，買下又何妨。兩個人在商場吵架後，阿雅就直接約了我出來。

「所以你老公其實是對的，你為什麼要花錢去買一件便宜但是不適合自己的衣服呢？僅僅是貪個便宜嗎？這樣的話，過兩天你就會把它放在衣櫃裡等發黴。不信你自己想想，這種事情你做過多少次了？」

阿雅不說話，我知道我說中了。

所以，生活中的阿雅們，不要為了一時的便宜而買了並不需要、並不喜歡的東西，這樣買回來的，只是廉價的思想。除了占空間，它什麼都不能為你帶來。

而極簡，也並不只是簡單地做家務，更不是簡單地進行整理勞動就可以達到的精神境界。極簡是在整理和收納的過程中，得到精神上的愉悅和滿足，是一種生活態度。**用最簡單的方式，得到最充實的人生。**

**拋棄無用之物，尋找生命真正有意義的過程。從複雜的關係中解脫出來，從而找到自我，得到真正的歡愉。**

讓身心從嘈雜中得到解脫，使浪費能量的事物遠離自己，更加輕鬆愉悅地享受生活，享受自己的人生。

整理收納，是實現極簡生活的一個途徑，一個必需的行動。一個人的家代表著這個人的內心世界。內心世界平和、邏輯清晰的人絕對不會允許自己的家亂七八糟如垃圾場。一個嚮往簡單生活的人也不會在家堆滿毫無用途的雜物。

當我還想問阿雅要不要一起吃晚飯的時候，阿雅已經拿起手機打電話給老公說要回家了。我知道，阿雅再也不會因為一件正在打折的衣服而糾結了。

# 囤積是內心混亂的信號

大學剛開學的時候，室友小娜光是衛生紙就帶來了三大包，剛開始我以為是打折便宜才買得多，後來才發現，她什麼都囤著，連快遞盒都囤了好幾個尺寸。每次宿舍打掃衛生，她的東西永遠理不清。

突然，有一天，當她拖著兩大箱泡麵出現在宿舍門口請我幫忙時，我澈底抓狂了。「你為什麼總是買這麼多放著！學校旁邊就是超市，一百公尺的距離！你就不能買幾盒吃完再買嗎?!」

她拖著泡麵，無辜地看著我。

「我……我就是隨手買了兩箱……我也說不清為什麼要買這麼多……」

說完，蹲在地上哭了起來。

這次爭吵之後，我們倆從此再也不說話。

畢業兩年後的一天，當我在超市經過泡麵貨架的時候，我突然想起了以前的那一幕，心裡很愧疚，於是打電話給小娜說想見見她。沒想到她答應得很痛快，我們就見了面。

如果不是她自報姓名，我簡直以為我眼前的小娜不是大學時認識的小娜。一身棉麻裙，頭髮鬆散地披著，渾身上下充滿了舒服的氣息。而我印象中的她，永遠拖拖拉拉，頭髮亂蓬蓬的。

我剛要開口道歉，她卻說：「我知道你想說什麼，當時的我，內心完全迷失了方向。」

原來在畢業找工作時，小娜突然發現自己什麼都想要。她去了好幾個不同行業的公司面試，拿了好幾個錄取通知，但是就那麼堆著，完全不知道自己到底想做什麼。去哪家公司？哪家都行，可是又哪家都不行。清理宿舍的那天，她看看自己滿滿的行李，突然發現，這些都不是她想要的。

「當時我真的是不知道該怎麼辦、能怎麼辦，我就把所有東西能送人的送人，能扔的都扔掉，只拉了一個行李箱回家。我認真思考了三個月，把二十二年的生活都想明白了，我把所有的工作列出來，我的優勢和劣勢也都寫出來，一個一個劃掉又加上，直到後來我確定了我到底想做什麼。於是，我就這麼走過來了。」

我很高興看到她的變化。「說起來，」小娜笑笑：「當時買泡麵的時候就是無法控制自己。連泡麵都無法控制，怎麼能控制人生？」

其實這件事也不怪小娜。每到夏冬打折季，日本東京的各大商場就全被人群淹沒，甚至有些外國人專門去日本搶購所謂的打折品。超市一但打折，就會引來很多人囤積貨品。

這樣的囤積會造成生活的負擔。衣櫃放不下過多的衣服，堆疊在一起會有皺褶，反而降低了衣服的品質。買了過多的保養品，隨手收起來，拿出來的時候可能都過期了。

當你面對亂糟糟的屋子和櫃子，每個角落都充滿著零碎物品，你會不自主地開始煩躁，你的內心會更加不知所措。因為你的屋子充滿了東西，你的眼裡充滿了東西，你的心裡，也就充滿了東西。

這樣的結果是當初搶貨、購買時所希望的嗎？我們購物是為了讓生活更快樂、更幸福。囤積並不能帶來幸福，相反地，它是內心混亂的信號，是缺乏安全感的表現。

把陽台或院子的小角落囤積的、你根本不用的東西處理掉，用爬藤植物和兩三個吊燈妝點起來，既點亮了黑暗的角落，更照亮了內心，去掉囤積的雜物，你的焦慮也會隨之減少。

人只有在害怕時才會瘋狂地購買東西，就好像一但自然災害或者是戰爭等災難出現，人們就會去超市搶購囤積商品一樣，是對未來不確定的恐懼產生的焦慮。這種現象又被稱為「囤積綜合症」。

喜歡囤積舊物的人放不下過去，不敢去看未來。他們總是怕舊物丟掉後就忘了過去，一直流連在曾經的小時光中，不肯接受現實，也不肯接受未來。他們往往是現實生活不太如意的人，也往往對自己的未來沒有信心，不認為自己可以過更好的生活，或是會有更好的事情等待著他們，只好在舊物中尋求曾經的溫暖，來獲得安慰。

這類人對自己缺乏自信，也缺乏行動力。喜歡囤積生活必需品的人總是害怕東西用完後怎麼辦。很多中老年經歷過貧窮的人，會選擇在大特價的時候買一堆這類物品，一用就用上很久，甚至幾年。這樣即使出了新產品也沒有辦法買，即使東西並不好用也只能硬著頭皮去用。尤其是食物，更是容易變質，吃不到新鮮的味道。

這類人對自己的財務情況缺乏安全感，可以說有種貪小便宜的心態在裡面。

很多喜歡囤積非必需品的人，比如過多的衣服、鞋子、包包、小東西、裝飾品等，這樣的人內心是空虛的。這些非生活必需品，但又和有收藏價值的收藏品不同。囤積這些物品的人往往對整個生活都沒有安全感。不斷地買買買，是他們填補空虛的辦法。他們往往看起來光鮮亮麗，但其實內心都是一團糟。這些非必需品滿足的只是擁有的欲望。

這類人很迷茫，找不到人生的方向。

囤積這個行為出現後，就帶來很多相應的煩惱。不管是影響心情還是壓縮了居住收納空間，都會讓人處在焦慮的狀態。

囤積不會讓生活變得更美好，只會讓自己本來煩亂的內心更加焦躁。

極簡，就是摒棄這個壞習慣。不隨便替家裡增加物品，將不需要的東西扔掉或者送人。不再囤積這些不安感帶來的產物。

囤積了太多東西後，人也會處在焦慮的狀態。面對越多的東西越無從選擇，怎麼也無法消耗完這麼多東西，甚至還要維護、經常去擦拭些東西。這些都在無形中耗費了不少的心理能量，讓人一直處在一個不健康、忙碌的狀態。

但這些忙碌除了耗費時間和精力外，並沒有任何意義。東西越囤越多，內心也在物欲中淹沒得越來越深。極簡就是將你從物欲的橫流和囤積的惡習中解放出來。

人擁有的東西越多，安全感有時越少。而相反，**有時擁有的東西少了，焦慮也**

隨之減少，不會再懷疑自己、恐懼未來。當你的眼裡不再充滿物品，你的內心一定會有花香。

# 極簡是一場自我修行

有一天，我收到一份快遞，是小A寄給我幾支未拆封的口紅。我一看，都是大牌，連忙打電話問小A，如此貴重的禮物怎敢收下？小A卻說：「姐，你收下吧。我昨天清理梳妝台，發現我居然買了三十支口紅！三十支啊！我一個人怎麼用也用不完啊！都是當時看介紹喜歡就買下來了。你說，人就一張嘴，我要這麼多做什麼？你就算替我用啦！」

掛了電話我在想，小A說得對，人就一張嘴，口紅卻買了那麼多支，一個個用完要用到什麼時候呢？但問題是，為什麼要買這麼多支口紅呢？

**日本有一句哲言：若覬覦你不能決定的東西，你將陷人不幸。**人類不幸之原因在於貪戀、占有欲和自我。哪怕是一支小小的口紅。我們要過的是不持有不必要物質的生活，回歸內心的本質，要了解什麼是自己最需要的。從心靈上、從物質上，都要列個清單出來，貼在醒目的地方，時時刻刻告訴你，除了這些，其餘的皆可捨棄，沒必要花費精力和時間去追尋。

那些不屬於自己的人、不屬於自己的奢侈品、不屬於自己的器物都是可以扔掉的。在他們身上過度投入，對自己也不會有意義，反而會影響本來簡單的快樂。

試想，如果你的手上拿滿了無用的東西又不肯放下，當一件你喜歡又需要的東西出現時，你又如何去抓住呢？

**極簡生活，是由外向內，再由內向外的一場尋找內心平靜的自我修行。**很多人只是簡單做到了扔扔扔，但是精神上並沒有歡愉，還是不快樂。

很多人誤以為極簡就是苦修，是讓生活回歸最低限度、僅夠溫飽。這是錯誤的說法。**極簡是修行，不是受苦。**極簡的目的是化繁為簡，以最簡單的方式獲取最大的幸福。

追求幸福才是最終目的，和受苦是完全不同的概念。

所謂的自我修行，就是在不借助外力的情況下，進行自我檢視，尋找自己不快樂的根源。將生活中沒有必要的、耗費精力的事情摒棄，認真地把握所擁有的一切，獨立思考自己真正想要的生活。

脫離了盲從，脫離了浮躁，不再受欲望控制，不再被雜念影響，不再因他人而擾亂思緒。

就好像那些禪修的高僧，無論外界如何變幻，無論誘惑多麼垂涎欲滴，他們的心永遠保持著平靜。

並不是將生活中不必要的東西去除就是吃苦。生活必需品依舊是必要的，健康和舒適的生活依舊是準則，只是不再需要那麼多沒有實際意義的繁雜輔助品而已。

就好像改吃純天然的食物，並不是要降低味覺體驗、讓人吃不美味的東西一樣。極簡是要放下心靈和物質的重擔，從令人無法呼吸的重負中解脫出來。剪去生命中那些貪婪吸取我們能量的枝枒，好讓我們的主幹得到更健康的成長。

**與欲望對抗，找回本我，是生活的另一種可能。**

極簡是一種捨棄的過程，同時也是拿起的過程。在不斷捨棄不屬於自己的東西時，人才能真正了解自己。在不斷拋棄雜念時，才能看到最根本的心和願望。

並不是把家裡東西都扔了才叫極簡。極簡是要留下對自己真正有用的東西。當沒用的東西都不再耗費精力時，才能集中地去做好一件事。

拋除雜念、拋除欲望、拋除所有生命中牽扯精力和時間又不必要的事物，才能有足夠的能量去做自己。

極簡的真正目的，就在於此。

如同禪宗的修行般，極簡也是一種修行，一種洗滌心靈的修行。

# 幸福不是你想要的，而是你擁有的

「我們擁有了太多物質，於是染上了各式各樣的癮。上網成癮、遊戲成癮、購物成癮、看電視成癮……如果沒有這些癮，我們該活得多自在啊！」這是阿惠告訴我的。

曾經的阿惠和很多女孩子一樣，喜歡買很多新鮮的小東西，買完了又捨不得扔，只好堆在家裡。一個星期去超市一次，買完一星期的必需品後就不會再去買。每天上班下班，在混亂的人際關係中掙扎著，好像身邊有很多人，但其實真正需要的時候卻發現只有自己。

和普通女孩子一樣，阿惠也喜歡買各種漂亮的衣服、裙子、包包和鞋子。家裡堆滿著各種風格樣式的穿搭。但怎麼也說不出哪個才是她的風格。她喜歡的東西實在太多了，業餘生活都被填得滿滿的。但她並沒有多快樂，常常一個人靜下來的時候疲憊不堪。

在人前，阿惠是光彩照人，但是多精美的妝容也無法掩飾的是眼神的疲憊。她的生活只有我們這些熟悉的人知道，其實是一團糟的。她經常無法控制情緒的暴怒，又或者是痛哭。

這樣的生活好像陷入了死循環，她不斷想要掙脫卻又一次次陷了進去。大家都覺得她應該很幸福，但其實她知道自己根本不幸福。

直到有一天她要出席一個典禮，翻來覆去卻找不到一件中意的衣服和配飾時，她覺得人生澈底失敗了。她開始自我反省，生活之所以一團糟，是因為自己想要的太多。看見什麼就想要什麼，別人有什麼就想要什麼，沒有什麼就覺得要是有該多好。正因為這無止境的欲望，她才將自己的生活堆積得滿滿的，心卻依舊空虛。

想要的太多，反而看不到自己真正擁有的。**欲望太多，幸福就被忽略了。取代的是永遠填不滿的空虛。**

在禪宗中，追求得越多，越是種累贅，越不會快樂，**真正的快樂是眼前所擁有的一切。**

不要再想自己要什麼了，去看看身邊有什麼，去看看自己真正擁有的是什麼。你擁有的不是那些衣服、鞋子、包包，而是你自己。你是任何人都無法模仿，任何物品都無法替代的。

不要總是覺得自己缺什麼，認真思考身邊擁有的一切。

再多的物件都不是你的，你都無法帶走。它們是獨立的存在，你可以使用它們，但不能真的擁有它們。奢侈品、裝飾品都是如此。它們可能會為你帶來一時的快樂及占有欲，但之後你還是會透過不停地購買，讓自己的欲望得以滿足。

再多的人際關係也不完全是你的。多少通訊錄裡所謂的朋友在你最需要的時候會躲到一邊。你可曾知道，誰才是真的關心你的人。

哪些人才是最重要的。比如你的父母、摯友、愛人，這些才是你最該投入感情的地方。

你擁有的只有你自己，獨立的心靈、獨立的氣質。

這是再多的物質也無法替代的，也是真正能夠為你帶來幸福的。

仔細觀察生活，仔細觀察身邊的事物，就能發現身邊不經意的小幸福，不是那些浮躁的物欲、浮誇的社交所能帶來的。

不要讓想要的欲望替代你自己的思考。不要為了追求那些自己都不清楚的東西，忽略身邊的小幸福。想要的越多，往往越難以幸福。看看你的身邊，這些才是你真正擁有，可以掌握的幸福。

**多餘的財富只能買多餘的東西，人的靈魂必需的東西，是不需要花錢購買的。**

第二部

# 欲望極簡

## 不盲從、不跟風

極簡，就是要拋棄那些過多的欲望
奪回被欲望占領的生存空間
單純地生活著

不為欲望所控制
不為欲望所吞沒
讓自己真實而快樂地生活著

# 你的精力都花在了哪裡？

面對滿櫃子的衣服，你是否也曾猶豫過上班到底該穿哪件？

面對滿冰箱的食材，你是否也因此發愁要吃什麼，可真正想吃的似乎永遠都不在其中。

面對手機聯絡人長長的名單，你是否也曾落寞過，在真正需要的時候卻不知道該找誰？

不知從何時起，我們好像擁有了很多東西，但好像又什麼都沒有。我們被淹沒在五顏六色的花花世界中，無數的選擇令我們盲目。不知何時，選擇困難症竟然成了當代人的通病。我們在欲望中浮沉，選擇越多，越無從選擇。擁有的越多，卻好像什麼都沒有。

經常有人抱怨精力不夠用，每天都很累，提不起精神去做事情。可其實並沒有做什麼很累的事情，既沒有體力勞動，也不是那種消耗式的腦力勞動。那麼，精力都用在哪裡了呢？

有科學統計，人的精力的大半部分其實是花在上述毫無意義的瑣事上。

**你的精力花在哪裡，決定你成為什麼樣的人。**

你花在「吃喝」二字上，你的身材必走向失控；你花在化妝上，幾年後，你將會和玻尿酸做朋友；你花在交際上，你將會沒有自我時間。

如果你花在投資自我上，你將會「收獲」一個全新的自我。

省去不必要的時間，不去做不必要的事情。將精力節省下來，去做真正要做的事情。

我的同事四角很會管理自己的時間，他所擔任的職位瑣碎的事情很多，往往一件還沒有辦完又有了新任務。組裡的其他同事經常忙得焦頭爛額，加班到很晚，每天回家還有一堆雜事要做，經常感到筋疲力盡。

四角很少加班，家庭和工作都處理得非常妥當，還總有時間去學習新的東西，不斷地提升自己。對此，同事們都感到很奇怪，紛紛向他請教。

做事之前，要先認清目前的情況，先著手最緊迫的事情，
再按照重要程度一件一件地去做。

## ▼確定自己必須做的事情是什麼。

四角告訴他們，之所以老覺得有忙不完的事情，是因為沒有分清主次關係。只有先把必須又緊急的事情做好，其餘的瑣事才好解決。否則一直被瑣事拖累，會發現最重要的事情沒有做成，這一天的工作其實等於白做。必須做的事情是真正有意義的事情，而不是一些雜事。極簡就是去做真正要做的事情。認清目前的形勢，先著手最緊迫的事情，再按照重要程度一件一件去做。

在生活中也是如此，做好必須做的事情，才能有閒心去做其他事情。否則事情都混雜在一起，會感到很迷茫，無從下手。這樣焦躁的心情，只會浪費精力，沒有辦法做好任何一件事。

確定好自己需要做的事情和緊急事情後，就不會再迷惑該做什麼了。

不浪費時間和精力，把沒有必要的環節去掉。

除了知道自己最重要的事情外，四角還教同事如何簡化一些環節。很多工作需要多種環節，但是有些是沒有必要的。抓住主幹，免去不必要的事情，才能最快地做完、做好一件事。

有些不必要的事情可能是突發奇想的，也有可能是順手就能完成的，但是都會耗費精力，而且往往沒有任何意義，還會耽誤本身要做的事情。

只有去掉了那些沒有意義的事情，才能集中精力去做該做的事情。不要被那些瑣事占用時間和精力，不然會發現有處理不完的瑣事，本身要做的事情卻一點都沒有完成。

## ▼一次只做一件事。

有同事提出了能不能用統籌學的辦法，一次做多件事情。四角非常反對這種說法，他認為專心是很重要的，只有專心致志地做一件事，才能夠做得又好又快。總是同時做事情，很容易這件事沒有做好，那件事也沒做成，又消耗了太多的精力和能量。既然都要做，就按照方法分個主次出來，按照順序進行。

人的心只有一顆，精力也只有一份，沒有辦法在全神貫注做一件事的情況下兼顧其他事情。一心二用，事情不但會完成得很慢，還容易出問題。一但出現問題，又要耗費精力去彌補，這是得不償失的。

做事就要有效率、有質量，這樣才是精力付出後最好的結果。

## ▼拒絕拖延症。

四角還提醒同事，要注意千萬不能拖延。拖延症是做事的大忌，一但拖延了，本身該做的事情沒有做，精力反而會在無形中浪費。最後可能一天下來自己也很累，卻什麼都沒有做。所以不要拖延，有什麼事情就要立刻去做，做完了一件可以稍微休息，但是不要停下太久。

要知道一天就那麼多時間，今天不做的事情，明天還是要做，之後還是要做。難道要把這些事情都擠在一起做嗎？若是著急出錯，還需要更多的精力去修正。與其這樣，為什麼不現在開始做，做完了再休息呢？

拒絕拖延症最好的方法就是要有危機感，給自己設定期限，期限內必須完成才可以。有了危機感，做事也會快一些。或者給自己一個獎勵期限，如果在期限內完成，就可以獲得相對獎勵。

凡事最怕的就是拖延，即使計劃做得再好，一拖延下去，什麼都會徒勞無功。

## ▼巧妙利用碎片時間。

同事問，如何能夠和四角一樣，在這麼忙的情況下還能堅持提升自己？四角的答案是要巧妙利用碎片時間。比如上班路很長，那麼坐公車的時候就可以用手機軟體來學英語，這樣每日的學習計劃在公車上就可以完成了。去銀行等公務機關辦事需要很長的等待時間，這段時間就可以看書或者是處理其他簡單的事情。

碎片時間無所不在，就要看你如何利用了。現在科學技術那麼發達，很多事情都可以隨時隨地在手機上處理。比如可以隨時閱讀、寫作，可以隨時交水電費等。利用好碎片化時間的人，就能夠用最少的精力，做更多的事情。

管理好時間，正確分配精力，才能讓生活從容不迫，更加舒適自由，也更加簡單快樂。

記住，做許多事情的捷徑就是一次只做一件事。

不管做任何事情，從中獲得快樂的秘訣只有一個，那就是專注，不要被外界所干擾。

# 為了好心情而簡單生活

有人認為，極簡生活需要高度自律，為了生活而生活，是一種機械的方式。和當兵一樣，什麼時間起床、該做什麼都規定好了，就像機器人被設定程式一樣。

而事實恰恰相反，**極簡生活雖然高度自律，但由於擁有自主選擇權，生活同時高度自由。這種生活充滿了個人情調和色彩，能給人帶來單純的快樂，逃離繁雜瑣碎的生活方式，得到前所未有的快樂。而生活的真諦是為了什麼？不就是為了快樂、為了好心情、為了自由而活嗎？**

我們經常被很多事情左右，忘了自己真正想要的是什麼。忙了一圈下來，發現過的並不是自己想要的生活，想要的一直被忽略。這樣子的我們並不快樂。

**畢竟只有完成自己的願望、做了想做的事情，才會真的快樂啊。**

生活中已經有那麼多不得不做的事情，但是不能因此而忘記初心。不要因為那些不重要的事情，忽略了生活中的小幸福。**要想一直保有快樂，就不要被外界所干擾。**

也許你聽了很多大道理，告訴你生活應該、必須怎麼做，老是有些誘惑激發著我們的虛榮比較心。這時候，你要做的是進行自我審查，你的人生真的要聽從別人的指揮嗎？這是大多數人渾渾噩噩的人生，但是你真的也要這麼過下去嗎？你要成為社會上百分之八十的大多數嗎？這麼做，真的會獲得快樂嗎？學習自己判斷和選擇，是一生的事情。不要被外界所干擾，堅持做自己。

沒人能為你的生活負責，除了你自己；也沒人能左右你的快樂，只有你自己。你是獨立的存在、獨立的個體，沒人能教你怎樣就是「好」，因為大家也不知道到底什麼是「好」。「好」這個概念，只有你自己說了算。你可以因為有錢了，就是「好」，也可以因為看到美麗的彩霞，而覺得「好」。

不要因為別人說什麼就放棄，或被慫恿做自己不想做的事情。更不要因為虛榮心而和人比較，忘記了自己真正的初心，煩亂了生活和思緒，讓自己每天不快樂。為了好心情，就不要總是想該怎麼生活，只要知道自己要怎麼生活就可以了。

把複雜的事情簡單化，不要總是想該怎麼樣。這個世界沒有那麼多正確答案，追尋自己的內心，才是最正確的答案。

要想的是要怎麼生活，要怎麼去做才能那樣生活。簡單的願望總是好實現的。

你要知道，若不抽出時間來創造自己想要的生活，你最終將不得不花費大量的時間來應付自己不想要的生活。你真的想這樣過一生嗎？

要想一直保有快樂，就讓自己不要被外界所干擾，有時候，貓咪比人類更懂得享受生活中的小確幸。

慵懶的下午，為自己和友人動手沖一杯手磨咖啡，這也是生活中的幸福。

# 奪回被欲望占領的生活空間

紀子是個很上進的女孩，她和很多女孩子一樣，以女性自立為目標打拚著。在職場上，她嚴格要求自己，每件事情都做好做精。在業餘時間，她不斷地學習，讓自己掌握更多技能好賺更多的錢。工作越做越好，升職也越來越快，很快地，她接觸的人群和以往有了變化。這些人群的舉止風範讓她很是著迷，更多的名牌和奢侈的衣物都讓她羨慕不已。她的目標也從自立變成了買更多的包包、更多的口紅、更多的鞋子。

為了達到自己的目標，她更加努力，不但努力工作，還為了能夠更漂亮而節食減肥。終於有一天，她病倒在工作崗位上，被送到醫院急救。不到三十歲的她因為長期加班熬夜，已經得了急性心肌梗塞，要是發現得晚，甚至會有生命危險。

欲望是前進的動力，有了欲望，我們才有往前走的想法，才會想要上進、爭取。但過分的欲望是生活的負擔，**當人迷失在欲望中，就會被欲望左右，失去自我，也失去了快樂。**

對物質的欲望是無止境的，層出不窮的新花樣讓人目不暇給。對物質的欲望也是永遠填不滿的。因為人的占有欲是無法填滿的，但擁有那麼多物質真的會幸福嗎？擁有這麼多物質時，你的代價又是什麼？

沒日沒夜地工作，不顧自己的身體情況，最後病倒在工作崗位上，賺來的錢都用在了治療上。為了穿漂亮衣服而盲目減肥的女性也有很多，甚至得了厭食症，最後不得不依靠注射過活。花了很多錢在這些東西上，把本來可以讓自己更快樂的金錢投入於此，然後再努力拚命，犧牲其他事物來賺錢。這是一個無限的死循環，僅僅是為了滿足物欲就將自己困在其中。購買需要精力，買完後維護也需要精力，大量的精力就這麼被浪費了。擁有的越多，越需要精力去維護它們。比如買了的包包需要定期保養和清理，買了的裝飾品需要定期擦拭。這些都在無形中消耗了大量的精力和體力。

**物欲一但操縱了生活，生活就會為其所拖累，人也就成了物質的奴隸。**

對社交的欲望，往往是得不償失的。很多人費盡心思在社交上，有的是為了讓更多人關注自己，有的是希望借助社交往上攀爬，又或者有人希望透過社交得到什麼。但不管是因為什麼，對感情的欲望常常讓人變成另一個人，變得虛偽或者低微，不斷地往臉上戴各種面具，最終失去自我。

現在的社交軟體那麼多，人際關係也就越來越複雜。可社交這種活動並不是你投入多少就會有多少回報，往往最後是無功而返，還會賠上大量的精力、財力和感情。並不是說社交是無用的，而是無用的社交除了消耗你的能量外，沒有任何用途。對於社交的欲望也往往使人陷入盲目中，被他人控制心情。

對虛榮的欲望，讓人永遠得不到幸福。虛榮是無底洞，不管是因為擁有什麼而虛榮，一但去追求虛榮，就會讓人離快樂越來越遠。虛榮是所有欲望中最可怕的，它不同於其他欲望有盡頭、有解決方式，虛榮是沒有終止的，只有靠自己的成熟才能抵抗虛榮。

極簡就是要拋棄那些過多的欲望，奪回被欲望占領的生存空間，單純地生活著。不為欲望所控制，不為欲望所吞沒，讓自己真實而快樂地生活著。

不期待，也不去擁有太多的物質，僅僅夠生活，能夠讓自己舒適就好。不去追求複雜的人際關係，真正愛你、關心你的人是不會如此消耗你的，更不會為了虛榮而犧牲自己，擾亂自己的生活。

要想對抗物欲，就要知道自己真正需要什麼。定期收拾整理，將不需要的東西全部送人或者扔掉，謹慎地去採購新產品。在買要東西的時候多考慮：我是否真的需要它？我是否有可替代品？如果沒有它會怎麼樣？只購買、只留下真正有用的。

對抗社交的欲望，就要清楚自己真正擁有的是什麼。最愛的家人和朋友，才是你真的需要花時間維護的。那些狐群狗黨、給你帶來負能量的人，盡早遠離得好。那些有工作關係或者利益往來的人，不用太過交心。懂得珍惜身邊的人、愛自己的人，才是最重要的。

對抗虛榮的欲望，就要清楚自己想要的是什麼，擁有獨立思考的能力，不被外界和風尚所左右。增加自己的內涵，提升層次。當你到達一定層次後，就會覺得那些所謂的虛榮都是毫無意義的，真正有意義的是做自己，獨一無二的自己。虛榮不過是一場鏡花水月，並不是真實的，唯一真實的是自己，自己強大的內心和實力。

當奪回這些被欲望占領的生活空間後，你會發現，簡單的生活原來如此容易，如此輕鬆而愉悅。

# 百分之九十的雜念會影響百分之十的真實生活

你知道嗎？你每天想的事情，百分之九十其實都是沒用的、不會發生的。

如果你不信，請你回想一下：在工作的時候，明明應該專心致志地做事，卻總是莫名其妙地分心起來。總會想一些和工作沒有關係的事情，比如晚上吃些什麼、哪個同事又怎麼樣、這件事完成後又如何，等等。滿心的雜念分神，有時候想著想著就沒有心思工作下去了，乾脆拖延了起來。事情越拖越多，覺得內心疲憊不堪，但是又好像什麼都沒有做完。

在生活中也是如此，本該做的事情都因為胡思亂想而沒有去做。在收拾房子的時候會滿腦子亂七八糟的想法，想著這房子要是怎麼裝修就好了、為什麼不能換個大房子、自己還是沒有錢什麼的。想著想著就自怨自艾了起來，結果房子也沒收拾乾淨，自己心情反而變得很差，都是負能量。在和朋友交往中也常常如此，新認識了一個人，要是那個人對自己冷淡的話，就會想是不是自己哪裡出了問題；要是對方十分熱情，又會亂想對方是不是有什麼目的、有什麼利益關係。

總是在不停地想啊想，這些雜念已經深深影響了我們的生活。被雜念困擾，只會讓本來容易的事情變得困難，讓明朗的事情變得渾濁。雜念越多，效率越低，浪費的精力越多，行動越慢。

美國的社會心理學家費斯汀格曾說過，**生活中的百分之十是由發生在你身上的事情組成**，而另外的百分之九十則是由你對所發生的事情如何反應所決定。這百分之九十，其實是遭遇倒楣事後的心態問題。

心態決定命運。在現實生活中，有些煩惱我們無法控制，卻可以控制自己的心態；我們不能改變別人，卻可以改變自己。其實，人與人之間並無太大的區別，真正的區別在於心志。所以，一個人成功與否，主要取決於他的心態。有太多的私心雜念，有太多的要求妄想的人，會被百分之九十的聲色所迷醉，最終失去自我。

生活中雖然有那不可避免的百分之十，令人欣喜的是，還有百分之九十是掌握在自己手中的。可怕的是，我們被這百分之十的小事擾亂了心境，做出後面百分之九十的蠢事。

**不可以用對與錯來看別人、看問題，只能把握自己的心，要捨下自我的一切私心和欲望，才能進入清淨的境界。**

百分之十的事情如何發生，我們無法掌控，但我們可以用良好的心態去面對那剩下的百分之九十。

受委屈了，我們可以給自己一顆糖，不去抱怨、不去煩躁，調整心態，專注於那百分之十。

其實許多時候，我們囤積物品，是不確定目標到底是什麼；我們害怕失去，是因為尚未建立起足夠的自信；我們困頓糾結，也許是因為還沒有找到「最簡單、最舒適、最真實」的自我。平衡得失，拋棄生活中那不重要的百分之九十，也許剩下的百分之十會讓我們收穫更多。

## 【TIPS】極簡生活小清單

⊙了解自己的真實欲望，不盲從，不跟風。
⊙選擇、專注於一～三項自己真正想從事的事情，充分學習、提升。
⊙不買不需要的物品，確有必要的物品，就買最好的，充分使用它。
⊙及時清理訊息，不堆積。
⊙不做無效社交。
⊙適量運動。

列一個自己的欲望小清單，拋棄不重要的百分之九十，也許剩下的百分之十會讓我們收穫更多。

# 專注才會有品質

如果讓你一生只做一件事，你會怎麼做？生活如此之快，每天睜眼就有很多事情排隊而來，一生只做一件事聽起來好像是天方夜譚，但有人確實就這麼做了——在日本，有個著名的壽司之神，他的名字叫小野二郎，他的故事被著名的紀錄片導演大衛·賈柏宣傳到全世界。他一生都在做壽司，並永遠以最高品質要求自己和學徒。

為了做好壽司，他會觀察並了解客人的用餐情況，隨時進行調整，確保味道能夠讓客人喜歡。為了做壽司，不工作的時候永遠用手套保護著雙手，睡覺的時候也不懈怠。為了讓壽司的口感最好，他從食材選擇、製作到每個細節步驟都經過了縝密的計算。即使是出名後，也沒有絲毫放鬆。

因此，他的壽司店「數寄屋橋次郎」雖然棲身在東京辦公大樓地下室，是一個小小的店面，卻連續兩年獲得美食聖經《米其林指南》三顆星的最高評鑑，還被譽為值得花一輩子排隊等待的美味。

專注，是小野二郎的人生信條，他的品質正源自於他的專注。他用一輩子的專注去成就一件事，或許我們普通人並沒有辦法達到他的境界，但是我們可以專注地對待生活中的每一件事情。至少在做這件事的時候，我們是專注的。

專注和堅持，是成功的不二法則。你怎樣對待生活，生活就怎樣對待你。

## ▼建立有明確預期的目標。

目標清晰，明確想要達成的結果。這個結果要花多長時間來完成？短期和長期目標分別是什麼？就像學英語一樣，長期目標是要考托福，那麼短期目標就是每天要背一百個新單字。學會建立人生夢想，才能有長久的耐力和恆心。

## ▼學會整理思路，學會自己拆解步驟到達結果。

當目標明確後，就要清楚該如何去做每一步了。你要獨立判斷達成這件事情要做幾步、前後的因果，砍去和事情關係不大的細枝末節，只留主幹。理清要做的一、二、三、四事項，並列出來，每做好一件事後就打勾。

有條理地做一件事會讓事情變得簡單，在完成每一小步驟時也都會有成就感去激勵自己繼續做下去。

## ▼要做好前期準備。

學會自行收集相關資料，並判斷對錯及是否適合自己。學會正反面地看待問題，如果大家都反對你做某一件事情，要靜下心來想想，你是否真的沒有統籌規劃好，沒有研究明白問題的本質。

## ▼注意不被其他的事情所干擾。

做事的時候難免會有一些干擾，比如手機響或者是一些突發的雜事。要想專注地做一件事，就不要被這些外在之物所影響。若是不要緊的話，可以把手機調成靜音，或者是關機，以免自己不自覺地被分散精力。

有突發事件需要處理時，也要將目前做事的進度原本地記錄下來，好在回來後可以及時去做。

用心做事，用最簡單的方式生活，才會有品質。

**哪怕是做壽司這樣的小事，做好了，就是人生的大事。**

要想專注做一件事，就要不被外界打擾，你可以把手機調成靜音或關機，放在自己看不見的地方。

# 什麼才是你真正想要的東西

如果你隨便問一個人想要什麼，百分之九十以上的人肯定都會回答，想要好多好多錢、好車、大房子、精美的鞋子、奢華的衣服等，我們想要的太多太多了，可是如果再追問，得到後你會幸福嗎？很多人都會沉默。

如果一樣東西你得到了，卻覺得不過如此，那麼這個「想得到」其實只是欲望。同理，一樣東西你得到以後依然愛不釋手，這才是你真正想要的。

**學會判斷適合自己的，才是真正的好好愛自己。**

## ▼真正想要的東西，不是別人口中必須要有的。

很多時候，我們想要什麼其實是因為別人說我們應該想要什麼。但自己是不是真的想要？可能自己都不清楚。這個社會總是有很多風向球，也有很多人不停宣傳著他們的口號，要這個、要那個，沒有這個人生就不完整，極大程度上影響了人們的渴望。在逛超市的時候，推銷員可能推薦你一款產品，放在平時你連看都不看的地方，但經過他的介紹，你會覺得必須要有這樣東西，於是，就變成了你想要的東西。等回到家裡，又覺得這件東西其實也沒有那麼實用，造成精力和財力的雙重浪費。

不要將時間浪費在不是自己真正想要的東西上，至少你真正想要的東西，是來自於你自己的需求，而不是別人認為你該有的。除了你自己，沒人更了解你。不要被別人的想法和說法左右，更不要被所謂的流行風潮所控制。

## ▼真正想要的東西，是能夠讓你感到快樂的東西。

人都是追求快樂的生物，不會受虐般地去要會讓自己不高興的東西。你真正想要的也是如此，是能夠為你帶來快樂的。擁有它確實能夠讓你開心，能夠讓你的生活變得更加美好，這樣的東西才是你真正想要的。

如果這件物品並不會對你的生活有什麼好的影響，或者說你不確定會不會有好的影響，那麼即使別人說得再好，即使廣告宣傳得再好，這也不是你真正想要的，除非你就是想要自己不開心。

能夠讓你快樂的東西，對你才是有益的，那才是你的目標，前進的動力。要是說自己都沒那麼喜歡，覺得到手也不會開心，那麼又何苦去追尋呢？你想過自己為什麼會想要那個東西嗎？是因為別人說了什麼，宣傳得如何，還是你覺得你需要呢？

## ▼不是得不到的就是最好的。

很多人都說，得不到的才是最好的，但是，僅僅因為求不得，這件東西就真的是最好的嗎？

**因為自己沒有，才渴望它的價值。這是欲望。**

**一個成熟的人，是能控制自己的人，是能夠獨立思考選擇人生的人。**

學會拒絕和放下，平和地面對生活，只吸取適合自己成長的。如果你不喜歡別人假裝喜歡的東西，不要覺得自己傻，因為嫁王子不是唯一一個可以讓你變成公主的方法。

不盲從、不跟風，極簡的生活能力不代表任何態度，它是對一種生活的追求

——勇於活出自己的理想狀態。

第三部

# 感情極簡
## 不攀附、不將就

面對不屬於自己的東西
可以瀟灑地揮一揮衣袖
不帶走一片雲彩
面對屬於自己的東西
可以保護珍惜

# 「化簡為繁」的正是我們自己

幾年前在公司年會上，老闆問每個人追求的是什麼，有人回答要物質豐富，有人要財源滾滾，有人要更多業績。輪到我身邊的同事時，她脫口而出：「簡單生活。」一聽到這個答案讓我內心驚詫了很久，突然覺得，這才是熱愛生活的人生。

人生是尋找真我的旅程，年少輕狂，只看重色彩，要奢侈、要豐富、要刺激。中年後倒由繁入簡，追求平實簡單的生活，我在慢慢品嚐生活的滋味，品味哪種滋味是屬於自己的，是我與生俱來的，是令我平靜而快樂的。

在工作和家庭之間，忙碌是我簡單生活最重要的組成部分，而時下流行的時尚、奢華、刺激、激情、豔遇等浮躁社會人們追求的東西，似乎都與我簡單的生活無關。

心理學有一個術語叫「心流」，「將大腦注意力毫不費力地集中起來的狀態，這種狀態可以使人忘卻時間的概念，忘掉自己，也忘掉自身問題」。我欣賞這種簡單的隨性。很多事情，都是我們人為地化簡為繁，是我們把事情加了太多利益、好處的砝碼，使事情不再是事情，而是一種博奕。

極簡生活，就是要化繁為簡，將自己從剪不斷、理還亂的煩惱中解脫出來，簡簡單單地生活，快樂而舒適地享受人生。擁有簡單的人際關係，輕鬆地做好每一件事，不必為堆積或是雜事所煩惱。大多數的事情，都因為我們自己的原因而複雜化了，結果生活被碾壓，自身變得充滿戾氣。

因此，當生活出現問題，當覺得很疲憊的時候，就要好好想想，到底是什麼讓自己本來簡單的生活變得複雜，是什麼讓本來簡單的事情變得困難起來。不要只找客觀原因，要多想想問題是不是出在自己身上。

**只有把握住自己，解決掉自己身上的問題，才能夠把握住生活，讓生活變得更輕鬆快樂。簡單的事情，還是不要複雜化為好。**

在紛紛擾擾的物質社會，追求事業成功、財富的累積等並沒有什麼不好，也必不可少，簡單生活也不可能成為每個人的追求。但無論你追求什麼，在人生尋求真我的旅程上，請記下這句話：「上帝造人時，給我們豐富的感官，是為了讓我們去感受他預設在所有人心底的愛，而不是財富帶來的虛幻」。

生活有負累，亦有美意，相信一切都是最好的安排。學會化繁為簡，學會返璞歸真，更學會回歸本心。生活沒有永恆的梅雨季，只有久違的豔陽天。

# 感情要平淡，要適可而止

生活中我們總且會遇到一些非常「直爽」的人，他們想什麼就說什麼，毫無顧慮，喜怒都寫在臉上。

森先生就是這樣的人。他常被周圍的人評價為直腸子，不管好聽的不好聽的，只要他想說，都不會顧別人，直接說出來。

森先生的好友小谷近來遇到了感情問題，拉著森先生喝酒消愁。森先生聽小谷說完他的遭遇後十分氣憤，撥通了小谷女朋友的電話，痛斥了對方一頓，以為是幫朋友出氣。當時小谷十分感動，對著森先生痛哭，說他是自己最好的朋友，森先生對此非常得意。但過了沒多久，他就發現小谷一直躲著自己。原來兩個人後來和好了，小谷的女朋友對森先生的舉動很不高興，要小谷遠離他。森先生感到很委屈，自己是為了朋友好，怎麼之後變成這樣了呢？

這樣的事情並不是第一次發生了。在工作上，關係很好的同事因為和另外一個部門的同事起了摩擦，和森先生抱怨，森先生很生氣地為他打抱不平。過了幾天後，這個同事和那個人重修舊好，森先生弄得兩邊不是人，很是尷尬。

在生活上，森先生也經常為此煩惱，每當他喜歡上一個女孩，他就會展開激烈的追求，每天訊息轟炸不斷，送各種禮物，結果女孩們都被嚇得躲得遠遠的。有一些試著和他接觸，都被他強烈的情緒波動嚇到了。就這樣，森先生已經快三十歲了，遲遲沒有女朋友。

像森先生這樣的人不在少數，他們自以為自己是直爽、真實、不虛偽，但恰恰犯了人際交往的大忌。那就是成年人的交往，情感要平淡，要知道適可而止，不說多餘的話，不做多餘的事情，多站在對方的角度想，不是自己想說什麼就說什麼，要多考慮到人的感受。

這些東西說起來容易，但實際生活中卻不是那麼簡單就能做到的。

一個成年人要懂得如何控制自己的情緒，喜怒都不應掛在臉上，要懂得分寸尺度。這並不是虛偽，而是一種禮節。尤其當情緒激動的時候，更要控制住自己的嘴，說話更是要三思、慎重。

**在成功的路上，最大的敵人並不是缺少機會，或者資歷淺薄，成功的最大敵人，是缺乏對自己情緒的控制。弱者任思緒控制行為，強者讓行為控制思緒。**

**沒有人天生就懂得控制情緒。能成功的人，都時時刻刻留意不讓自己栽在壞情緒中。**

只有讓自己時刻保持一種向上的狀態，積極地面對生活，心態平和，才能夠正確地去面對一件事。

要想從容地面對，就要心裡有底，需要讓自己成為一個有內涵的人。一個真正有內涵的人，不管遇到什麼困難都有解決的方法，兵來將擋，水來土掩，處變不驚。這樣的人是不會將情緒掛在臉上的，更不會想什麼就說什麼。

優雅的關鍵在於控制情緒。用嘴傷害人，是最愚蠢的一種行為。我們的不自由，通常是因為來自內心的不良情緒左右了我們。能控制好自己情緒的人，比能拿下一座城池的將軍更偉大。能控制、接受、緩解情緒的人，就是自己的王。

只有讓自己時刻保持一種向上的狀態，積極地去面對生活，心態平和，才能夠正確地去面對一件事。

# 簡單、直接、清楚地表達

**生活中最難的就是直接了當表達自己的想法，剪除思想和表達的枝蔓。**

根據社會工作者統計，情侶間出現問題，有百分之九十的原因是因為溝通不良。而在人際關係中，大多數的問題也都是由溝通不良所引起的。換句話說，將簡單的問題複雜化的一大原因，就是溝通問題。

情侶間，男人總是不明白女人的需求。阿忠就經常因為這個原因和女朋友千雪吵架。例如，千雪有天晚上想要阿忠陪陪自己，發訊息給他說自己要睡覺了。阿忠回覆了句晚安，千雪就生氣了，她認為阿忠並不關心自己，都沒有問自己為什麼比之前提早前了兩小時睡覺，於是就打電話跟阿忠鬧脾氣。兩個人因為吵架都很晚睡，也都鬱鬱寡歡。

人與人交流時，這種問題隨時都會發生。比如你約朋友的時候，對方說得先去辦什麼事之類的話，潛台詞可能是，我沒辦法陪你出去，或者是我不想陪你出去，我沒有時間陪你。如果沒有讀懂這層意思的話，很可能理解的就是，那等你辦完事我們再見面。結果，那個人無可奈何，又沒有辦法拒絕。

工作中也是一樣。有個理論叫「電梯原則」，你能用坐電梯的這幾十秒鐘，將自己的方案和想法清晰地告知你的合作對象或者老闆嗎？你能夠用一句話濃縮你的年度營銷報告嗎？你能夠用一段話說明你品牌的定位以及發展方向嗎？你能夠在五分鐘內說明當前銷量下滑的主要原因，並提出三個解決方案，然後讓老闆做出決定嗎？

**如果一件事情用一句話說不清楚，那麼一下午也說不清楚。**

情侶間的事情，如果你只是想引起男朋友的注意，那麼可以說：「我睏了，你能陪我一會，然後我就睡覺嗎？」這樣的交流總比單純的一句我睏了，讓對方玩猜謎要好。

與人交往中，可以直接說，我要先去哪裡辦事，今天沒有辦法陪你了，我們下次再約。這樣清晰地說，既為自己找到了理由，又明確地說出沒有辦法約的事實，讓對方沒有誤解。至於下次如何，就下次再說。

至於工作中，你的方案寫了三十頁，你的報告寫了五千字，但是，你能夠用一句話打動別人然後進行合作嗎？

由此可見，無論是在私人交際範疇還是在公共場合，用合適的方式表達自己都非常重要。私人交際範疇的表達並不比公共場合表達簡單，有的時候，我們也可以稱之為一場小小的「演講」，只不過觀眾很少而已，也許是你最親近的人，也許是你要面對的最重要的一個投資者。分享、說服、打動甚至改變對方的看法、觀念，才是表達的最終目的。

邏輯清晰，語言簡單。根據對方的反應不斷調整自己的語言，使之符合情境，對方很容易明白你的意圖。如果你靜心養羊十多年，你對羊的形象和習性了然於心，你能用很多種方式對一個人描述清楚羊是什麼樣子。但是如果你沒見過羊，只是在教室裡聽過，你對另外一個人講羊的樣子時，你就很容易這樣：你怎麼這麼笨，一點都不懂我在說什麼。這就是表達和溝通的問題癥結。

現在特別流行說「乾貨」，那麼「乾貨」到底指的是什麼？這是一個難解的問題，因為作為一個網路用語，其發展和源流，常常形成不同的含義，放在不同的背景下，都可以形成不同的解釋。其實說穿了，「乾貨」就是沒有廢話的文章，簡單、邏輯清晰、條理清楚地把事情說明白。能夠抓住「乾貨」的人，最性感。

生命其實也是一場淋漓盡致的表達，也許在不同的時間，不同的地點會有不同的故事，但無論何時，都應該與內心的渴望一致。

（不過，和女友交流的法則總共只有兩條：

第一條，女朋友永遠是對的；

第二條，女朋友如果錯了，請參照第一條執行。）

# 生活就是要不斷地選擇和放棄

**世上只有一條路，就是你腳下正在走的這條。**

當下社會的每個人，都是焦慮的。但是所有的焦慮都是無用的，世上沒有透過想像和推測就可以判定未來的事情。路都是自己走出來的，絕不是參照別人的樣子推斷出來的，別人某件事情做得再好，選用的方式再精巧，換成你的時候，都將成為另外一個樣子，沒有「感同身受」的體驗，你要驗證的是一條對你來說全新的路。

世上不存在更好的那條路，但存在最好的路——那就是堅持自己所選擇的並且堅定地走下去。即便外人並不看好，即便你自己也會懷疑，但既然選擇了，就要一直往前走。

人生只有一次，成長和生活之路也只有一條，路沒有好壞之分，都是獨一無二的，都是需要取捨的。也因為這個原因，每個人的人生都是偶然的，是由一個個選擇決定的。

沒有的想要，得到的不滿足，每個人都在各種層面上掙扎，變得對生活不耐煩。只有懂得選擇和放下的人，才能輕鬆地前進，更快地達到自己想要的目標。

我們一路往前走，遇到的事物越多，我們就越迷惑，越來越不知道想要的是什麼；什麼都想要，但是大多數都無法得到，於是我們不快樂。我們帶著其實並不那麼喜歡的東西越走越遠，當遇到自己真正想要的東西時，卻沒有第三隻手可以拿起，所以我們更不快樂。

其實古人早就教導過我們該如何生活。在禪學中，很重要的一點就是要學會選擇和放棄，只有這樣才能夠快樂。但是現代人大都已經忘記了這點，面前的東西越多，越想都得到；擁有的越多，就越想擁有更多。

大量的精力都投入於此，最終卻發現這些都不是自己想要的。這就進入了一個怪圈，一個不幸福的死循環。因為不幸福，就要再去獲取，然後發現身上的負擔越來越重，自己也被壓得喘不過氣。要想脫離這個怪圈，首先要學會選擇。

選擇自己所需要的，自己真正想要的，而不是別人告訴你，或者是你覺得你需要的。

你所需要的東西一定是你沒有的東西，一定是會讓你的生活變得更好、更有用的東西。不管是情感還是物質，要學會思考，這真的是自己想要的嗎？是自己需要的嗎？

當代作家莎拉・班・布瑞斯納說過：「**花時間弄清楚你喜歡什麼，這樣才能弄清楚喜歡過什麼樣的生活。**」

在電影《猜火車》中，男主角過著混亂而痛苦的生活，他一點都不開心，雖然他什麼都不缺少，但內心空虛。這時，朋友告訴他：「你要學會選擇生活」。是啊，**要學會選擇生活，而不是被生活選擇。**

選擇生活，選擇你需要的，你真正想要的，之後就要放棄那些對你沒有用、你也不想要的東西了。

捨不得，是生活的大忌，也是讓我們生活變得複雜的罪魁禍首。因為捨不得，我們的生活多了很多沉重的負擔，我們的精力和時間被無情地浪費，我們的情感也被牽扯其中。

放棄那些不屬於自己的東西和情感，就是放過自己。不必花時間和精力去追求那些本就不屬於自己的東西。比如高高在上的奢侈品，比如失去的戀人，比如和自己沒有關係的事物。不花時間去追求不屬於自己的東西，才能有精力去維護屬於自己的。

太多人將精力都花在了追求不屬於自己的東西上，有些是因為欲望，有些是因為不甘心，但更多的是因為沒有想清楚自己真正想要的是什麼。

在決定放棄什麼的時候，要想清楚幾個問題：

這真的適合我嗎？

我真的需要它嗎？

如果有了它，我的生活會更好嗎？

沒有了它，我的生活會變得一團糟嗎？

我真的有那麼想要嗎？

如果五個問題有三個都是否定的，那麼就放棄吧。這件事物只會影響你的生活，有沒有都不會讓你過得更幸福更好。

捨棄那些嘩眾取寵的裝飾品。尤加利葉是個不錯的選擇，好看，不俗，插完不用管，乾了也一樣美麗。

不要花時間去追求不屬於自己的東西，而是珍惜身邊的每一枝每一葉。

滿天星的花語是純潔的心靈，一顆純潔的心靈會讓你的生活變得簡單。

人生就是不斷選擇、不斷放棄的過程。有所放棄，才能讓有限的生命釋放出最大的能量。沒有果敢的放棄，就不會有頑強的堅持。放棄也是一種選擇，失去也是一種收穫。

執著於某一事或某一物，就會患得患失，煩惱也接踵而至；如能看開一切，心無掛礙，就會無所畏懼。生活往往是怕什麼來什麼，看淡得失、無謂成敗的時候，反倒順風順水、勇往直前。持有一顆平常心，最好。

# 從收拾心態開始，人生會再次啟動

一位偉人曾說過這句話：**要麼你去駕馭生命，要麼是生命駕馭你。你的心態決定誰是坐騎，誰是騎師。**

收拾自己的心態，才能重新開始，才能過自己想過的生活。

## ▼要清楚自己的目的。

清楚自己到底想要什麼，就好像收拾房子的時候，要先知道房子想收拾成什麼樣子，東西該如何擺放，大概的規劃是什麼，這樣才有的放矢。無目的的收拾只會越來越亂，最後一團糟。

**也許你會說：我不知道自己想要什麼。其實這句話的真正含義是：你沒有勇氣**

**面對並做出足夠的努力去爭取你想要的。**

**▼要了解自己。**

了解自己所擁有的、所擅長的、所需要的，知道自己的特點，了解自己的品行，才能夠找到適合自己的方式和方法。

大多數人會說，我很了解自己，我很焦躁，我不知道未來是什麼樣子，甚至不知道明天會是什麼樣子。終日煩惱的人，其實並沒有遭遇太多的不幸，這煩惱根源於內心世界。學會為心靈鬆綁，從心理上調適自己，焦慮是正常的心理情緒，我們要接受並加以疏導，而不是排斥它、忽略它。

**▼要懂得選擇和放棄。**

有些不需要的、不屬於自己的東西就要扔掉。選擇適合自己的，把無用、會給自己帶來負能量的東西統統清理乾淨，不給自己的心留垃圾，影響好心情。

**▼要有堅強的決心。**

整理是一個過程，不可能一蹴而就。抱著顆堅強的決心，才能夠面對雜亂的內心世界。對自己，要耐心一些。

**▼要給自己一個期限。**

收拾本身就是要消耗時間和精力的，如果想澈底收拾自己，就要給自己一定的放空時間，讓自己可以認真地打掃，而不是匆匆而過。在這段時間內，不要被瑣碎和麻煩的事情纏住手腳，弄得心煩意亂，無法集中精神去做。

**▼為心靈做掃除更是如此。**

收拾心態最好的時間是在旅行或者休假的時候，或是獨處的時候。要讓自己不被打擾，才能真的看透內心，澈底地進行收拾。

收拾好心態，生活才能重新啟動，從不如意的混亂中解脫。為自己的心靈做大掃除，拋棄負能量，才有地方可以接受和充滿正能量，讓自己更加快樂地生活。

**你以為在沙漠中行走的駱駝滿眼都是沙子，而它心中，則有塊綠洲。**

# 自立、自由、自在的成熟氣質

如果你問全世界的男人女人眼中的女神有誰，絕大部分都會有同一個答案——奧黛莉．赫本。和很多漂亮的女演員靠容貌不同，她以自立不依賴別人，自由只追尋自己的內心，自在而灑脫的成熟氣質捕捉了眾人的心，成為經久不衰的神話。

成熟的氣質最吸引人的地方，在於不用依賴過多的物質，不依賴過多的情感，不被他人左右；不被物質和感情所束縛，捨棄不必要的東西，輕鬆愉快地用自己想要的方式生活。

只有成熟的人才能選擇自己的人生，才能明白什麼是自己想要的，從而捨棄那些不屬於自己的東西。

追求自由的人，才能夠追求生活的品質。

只有成熟的人才不會被外界所干擾，不會被別人的想法所左右，人云亦云的沒有獨立思想。他們確定自己的目標，並堅持自我。只有成熟的人才懂得什麼叫擁有，如何去珍惜，不牽扯過多的精力，不浪費過多的情感。平淡而不乏味，簡單又不失情調。

而所謂成熟的氣質，第一需要的就是要自立。

有自立的精神，有自立的資本，不依賴別人，不管是精神還是物質，是成熟的首要因素。

自立的精神，讓自己與他人不同，不依賴任何人，不管是情感還是需求，都自給自足。這樣才不會受人控制，不會輕易被別人影響，不會因為別人而喪失自我。喪失自我的人，永遠都沒有生活，他們只是為別人而活著。

想要有自立的精神，就要有自己思考的能力，這是要多讀書、多聽音樂、多出去旅行、多接觸人和事才能夠有的能力。對待事情保持自己的看法、自己的思考，不隨便被人影響，更不讓他人代替自己思考的能力。

有自立的資本，才能過自己想要的生活，在經濟和物質上滿足自己，不依靠他人。成熟的人知道什麼叫自給自足，能夠維持自己想要的生活，並且能夠追求更高一層的生活。這就要靠努力工作、積極進取來完成。

如果不滿意自己的經濟狀況，或者沒有完全自立的資本，就要自己想辦法。不斷地學習、提升自己，讓自己有能力去過想要的生活，才能夠把握生活、掌控生活。

自由是一種心態，也是一種追求，心靈的自由可以看到更多的東西，隨心所欲，不被任何人和事所控制、所束縛。追求自由的人，才能夠追求生活的品質。只有能夠自由選擇自己想要的東西，才能控制自己的生活，讓自己更加快樂。

自由就是不被控制，不被那些繁雜的事物控制，不被物質控制，不被欲望控制，不被人際關係控制，不被自己的心態控制。要懂得拿得起，放得下。要學會放棄那些生命中無所謂的重擔，那些影響自己的負能量，才可以得到自由。

自由的同時也要財務自由，可以買自己想要的東西，去自己想旅行的地方。只有實現了財務自由，才能夠做自己想做的事情。

自在是一個狀態，是成熟的人所散發的氣質。面對不屬於自己的東西，可以瀟灑地揮一揮衣袖，不帶走一片雲彩；面對屬於自己的東西，可以保護珍惜；面對自己想要的東西，可以去追求；面對困難，可以從容不迫地去面對。

自在的生活，不被那些身外之事所影響，堅持自我，不因外界而波動。這是一個人是否成熟的標誌，也是成熟的體現。**成熟是一種能力，也是一種狀態。極簡生活，需要這種成熟的氣質，更需要這種能力。**

第四部

# 物質極簡
# 不迷戀、不堆積

扔掉看得見的東西
改變看不見的世界
在對抗物欲上
要明確了解自己真正需要的東西
而不是大家需要的
畢竟，別人無法替你生活

# 二十一天，過想要的生活

改變自己需要多久？讓自己換一種生活方式又要多久？這是很多人都想了解的問題。

當我們決定要改變生活的時候，究竟要用多長時間呢？

行為心理學說，只需要二十一天，就可以改變一個人，過想要的生活。在行為心理學中，形成新習慣或者理念並鞏固的週期是二十一天，被稱為「二十一天效應」。換句話說，**當你想培養一個習慣，只要重複二十一天，就會成為慣性動作或者是習慣。**

行為心理學研究，人一天的行為只有百分之五是受理念支配，屬於非習慣行為，另外百分之九十五都受理念支配，屬於習慣行為。因此要過你想要的生活，就要培養相應的習慣。

首先，在二十一天訓練開始前，你要明確知道自己的目標。你想要什麼生活？需要做什麼？需要培養什麼樣的習慣？想要的生活，一定是能夠讓自己更加幸福、更加快樂的生活。目標和具體的細節一定要清晰、條理分明、可實現。只有這樣才能操作和培養。

比如每天早起收拾屋子、丟垃圾、去健身房跑步一個小時、做臉部按摩、背單字等。越具體、越好實現，越能有效果。將這些目標存在手機的記事本裡，或者貼在家中的醒目位置，隨時提醒自己。

之後就要開始二十一天計劃了。為了保證計劃可以完成，要選擇一個確實可以完成的週期，比如這二十一天內沒有旅行計劃，身體條件也適合等。

## ▼第一～七天，最困難的一星期。

這個星期是培養習慣最重要的一個星期，也是最艱難的一星期。

在這個星期裡，需要不停地提醒自己要做什麼、如何去做、該怎麼做。可以為自己設置一些鼓勵措施，比如做完一件事情後得到什麼獎勵，來激勵自己。也可以設置懲罰措施，如果沒有做就要懲罰自己。但注意不管是鼓勵還是懲罰，都要有一定的效用，不要用無關緊要的東西來進行獎懲，這樣沒有任何的激勵作用。

## ▼第七~十四天，絕不放鬆的一星期。

經歷了上一個星期的培養，習慣正在慢慢地形成，但是這個星期也是很容易放棄的星期。可能會出現「我放鬆一天也沒有關係」的想法。這種想法實現了一天，就要從頭開始。因此要提醒自己千萬不能放鬆警戒，更不能鬆懈。

在這個星期裡，基本上已經不需要再看小紙條或是提示來進行了，在心裡已經漸漸形成了一種主動意識。這個時候獎懲機制依舊不能放棄，隨時鼓勵自己要堅持。中間可能會有一些想要鬆懈或者偷懶的想法，這時要加大懲罰力度，逼迫自己不能放棄。

在這個階段可能會有一些誘惑出現，要能抵禦住誘惑，想想好習慣培養成功會對生活產生的影響，再看看自己的目標。抵禦住誘惑，進入下一個階段。

## ▼第十四～二十一天，需要提醒但已經很輕鬆的一星期。

經過第一個星期的困難培養，第二個星期的艱難鞏固，在這個階段中，習慣已經在慢慢地養成。但沒有到達可以不用想就完成的地步，在這個階段，依舊不能鬆懈，還需要時刻提醒自己，一天也不能懶惰。

在這個階段很容易給人一種錯覺，就是我已經培養出了這個習慣。並且在這個階段，習慣對生活的影響已經初步可見。對此，要繼續鼓勵自己，為了更好地生活，不能半途而廢，更不能因為覺得生活已經改變了而放棄繼續堅持。

## ▼二十一天後，依舊需要堅持。

如果你撐過了二十一天，那麼恭喜，你的生活正在開始向你希望的方向改變。培養的習慣也正成為無意識的動作，不再需要刻意提醒就會完成。但是也不要鬆懈，要知道如果也鬆懈二十一天，會讓你之前的努力都付諸東流。

改變是一個長期的過程，培養好的習慣後，只有繼續堅持，才能達到你想要的效果。為了自己的目標，為了更好地生活，繼續堅持，繼續努力。**只需二十一天，改變自己，過自己真正想要的生活。**

# 要買就買有必要的、最好的

添置物品是生活中免不了的事情。據統計，美國家庭平均擁有超過三十萬件物品。或許我也有那麼多，我依戀我所有的東西。在不停地買買買的過程中，怎麼買都是一門學問：是隨心所欲地去購買，還是根據本季的流行去買呢？是根據朋友的推薦、還是嘗試新鮮事物呢？

其實這個問題不是怎麼買的問題，而是消費心態問題，最佳的消費是買最適合自己、且對自身有必要的那一款。不買不必要的東西，可以節省家庭空間，太多沒用的東西會把房子堆積得亂七八糟。為了打掃和整理這些東西又需要花費時間和精力。

回想一下，其實大家購買時很多都是一時興起而已。這也難怪，站在五顏六色的貨架前，很難克制住消費衝動，而沒有經過理性思考。因此，購物的時候常常會買一些當時覺得不錯、以為會有用，但其實一點用也沒有的東西。不但浪費了時間和金錢，帶回家沒多久可能會就會後悔。

看起來很不錯的廚房工具、好看但沒用的裝飾品、過多的精美本子、根本不會看的書、漂亮的裝飾紀念品等。這類東西都不是必需品，買到家中結局大多就只有放著，偶爾想起來可能會送人。

購物要理智，非必需品能少則少，在購買的時候要多想想我到底需不需要這件東西。如果需要，那麼是必需的嗎？還是可能會用到的東西？我要用它做什麼？家裡有沒有類似、可以替代的東西？如果有的話，那麼它會比家裡的更好嗎？可以把家裡的扔掉嗎？它會為自己帶來生活上的改善嗎？

問清楚自己這些問題，再決定要不要進行購買。如果沒有必要，就不要再為自己添置無用品找理由了。

阿雲就是這樣公認的女神。在添置東西的時候有自己的技巧，買就買最好的。包包一定要買高檔的，絕對不從網路上買那些很容易被看出來的A貨，也不購買最新款，百搭的基本款就可以出席各種場所。衣服選的是品質最佳的，上好的布料和合身的剪裁，鞋子既要舒適好穿，又獨具一格，讓她在人群中很奪目。

物品的品味也是你審美的體現，審美層次越高的人，越不會去買那些所謂的爆款貨、沒有特色的東西。

購物要理智，要知道自己是不是確實需要，如果沒有那麼需要就不要再去添置。

她每天起床都精神百倍。最好的鍋子，燒出來的菜也格外美味。雖然家裡的東西不多，屋子很空曠，沒有過多的裝飾品和奢華的裝潢，但一進去就能感受到這個家的主人一定很會生活，是很有情趣的人。

其實阿雲並不是什麼富二代，只是普遍的薪資階層。她的秘訣是，錢要用在最重要的地方。不買不需要的東西，不去買那些廉價的東西，不亂花錢，把那些錢省下來去買品質最好的。

品質決定了檔次。品質的高低很大程度上決定了這件物品的價值。一件高品質的物品可以替代同等的幾件商品。好的品質是從視覺、手感上就看得出來的。檔次越高的人，越知道花錢花在刀口上，越知道高品質的價值。品質決定檔次，體現的是個人的生活情趣，也是你個人的標籤。

一件商品符合你的審美，就決定了你不會因為不好看而去想著下次買類似的東西去替代它。物品的品味也是你審美的體現，審美層次越高的人，越不會去買那些所謂的爆款貨、沒有特色的東西。多用性也是實用性的一種，用途越多的東西越實用，可以省去買其他產品，更加節省金錢和家庭空間。比如一把多功能的刀具，可以省去買各種刀的空間和價錢，也不用去專門買大的刀架來放置。

雖然品質好的物品價格是最貴的，但**不要因為「捨不得」而去買質量不太好、又不太喜歡的湊合，房子也許是租來的，但生活不是湊合出來的。**不太喜歡的物品會讓你看到類似產品的時候還會想要，看到更新更漂亮的樣式時會忍不住希望替換。

購物要理智，要知道自己是不是確實需要，如果沒有那麼需要就不要再去添置。要添置就要添置最好的，來節約之後的替換成本、維護成本，和讓自己不再去看類似的商品。不要因為貪小便宜而浪費更多的精力和金錢。

不要在家裡放一件你認為有用，但並不美的家西。丟掉看得見的東西，改變看不見的世界。在對抗物欲上，要明確了解自己真正需要的東西，而不是大家需要的，畢竟，別人無法替你生活。

# 你的房子，就是你心靈的映照

ANNA是外表極為漂亮的女孩，光鮮照人，去哪裡都是焦點。但和她相處時，就會發現她總是莫名的焦躁，一不小心會就會陷入混亂中。不管是職場還是情場，她好像被厄咒纏身了一樣，生活過得一團糟。作為朋友的我們總是不理解為什麼會這樣，直到有一天在她家我們找到了答案。她家沙發上亂七八糟地堆著過季的衣服，地板上都是頭髮，沾滿咖啡漬的雜誌隨便地扔在一邊，內衣襪子更是滿地都是。ANNA自己住了個大三房，除了客廳和臥室，另外兩間居然都成了儲藏室，胡亂塞滿了各種衣服和包包，簡直就是個倉庫。我們都驚呆了——這哪裡像是女孩子的家！這時我們明白了一個「白富美」會把生活過得如此之糟，因為她的內心就是混亂的。

**一個人的家，就是他內心的寫照。**家裡收拾得井井有條的人，生活中絕不會手忙腳亂。會把家佈置得有品味的人，生活中也絕對不是個粗糙的人。

ANNA 的反面例子是小托。小托的家地處偏僻，房子也很小，但十分乾淨。一進門，玄關處是白色的鞋櫃，裡面整整齊齊擺放著擦得很乾淨的鞋，灰色的地毯上沒有一根頭髮。進去後是白色主題的傢俱，整潔得看不到任何隨便擺放的雜物。一張純白的茶几上放著一隻細嘴長頸的花瓶，上面插著一枝橙色的非洲菊，配著淡綠色的窗簾，隱約間竟有了些許的禪意。待在小托家讓人感到出乎意料的舒適。和小托相處的人都覺得和他交往很舒服，他的生活也是有條不紊的。

一個內心平和的人，家絕對不會像暴風雨剛侵襲一樣。一個簡單的人，家裡也絕不會有過多的裝飾。一個知道自己想要什麼的人，不會讓家像倉庫一樣有用沒用的都堆疊在一起。一個懂得情趣的人，家裡也一定是充滿了各種小細節、小溫馨。

因為你的心雜亂無章，才會在潛意識中將屋子也弄得亂糟糟的。當人心情不好，內心混亂的時候，不會想要收拾房子，房子就會一團糟。當人心情愉悅的時候，屋子也往往被整理得很乾淨。

**同時，你的房子又反作用於你的內心。**

一個住在乾淨整潔的房子裡的人，心情會比住在滿地垃圾的屋子裡的人要好很多。外在的環境會將你的煩惱帶走或是加倍，將房子打掃得乾乾淨淨，也是將心靈打掃乾淨的一個途徑。如果你想讓自己的心平和下來，就先看看你住的環境是否是平和的樣子。

若想要簡單的心靈，就要讓房子也變得簡單。不要再讓垃圾堆在一邊發臭，將不穿的衣服收起來，把地上的雜誌都放好，認真地做一遍大掃除。當你把家收拾得乾乾淨淨時，你會發現不知不覺間整個人也乾淨了很多。

想要擁有簡單的心靈，就要先從自己住的地方開始。當你的屋子不再混亂時，你的心靈也會趨於平靜。

**家，是你的第一道場。你走過的路、愛過的人，都在你的房子裡啊！**

# 關注物質，就會永遠捨不得

「這件衣服雖然過時了，但以後有可能還會穿。」

「這口鍋還挺好的，扔了實在可惜。」

親愛的，每次收拾屋子，你是不是都要這麼暗示自己，藉此為想扔掉卻又捨不得的物品開脫？

這是個物欲橫流的社會，面臨著太多可以選擇的物質，面臨著太多的選擇和嘗試的機會。市場上，光是菜刀的種類就五花八門，令人眼花，切生肉的、切壽司的、切魚的、切水果的、切軟質水果的等。越來越多的種類，越來越專業的細分，讓人覺得家中應該要買齊了才夠生活。但其實我們的老一輩僅用一把刀就可以做出無比豐盛的料理。

什麼時候我們對於物質的需求這麼大了呢？是因為商品越來越多，我們的需求大了起來，還是因為需求大了，商品才會越來越多呢？

買了這些物品後，又往往捨不得扔，捨不得舊東西，捨不得花費心血的東西，捨不得覺得會有用的東西，捨不得那些有紀念意義的東西。家裡也就被這些東西堆得滿滿的，顯得格外擁擠和侷促。

太多物品只會消耗我們的精力。大量能量都消耗在這裡，生活也因此疲憊。

在電視劇《我的家裡空無一物》中，麻衣躺在灑滿陽光、空蕩蕩的公寓整潔的地板上，享受片刻輕鬆時光的樣子令很多人心生羨慕。相比於很多人家的擁擠不堪，麻衣的房間四壁空空，那些沒有用的東西，過時的東西，她都會及時整理丟掉。麻衣瀟灑自在的生活方式，很讓人羨慕，**她從不留戀物質，也從不被物質所擾，讓自己的家和心靈永遠處於最簡單、最舒適、最快樂的狀態。**

相較之下，很多人雖然堆積了很多東西，但他們內心卻並不快樂。因為他們僅僅關注物質，心被物質填滿，成為物質的傀儡，就會永遠捨不得，只能一直被拖累，生活也會被物質所擾。

捨不得物質，捨不得扔掉舊的東西，捨不得不去買那些沒必要的東西。**捨不得**

**物質就是捨得浪費自己的精力和金錢，就是捨得家裡一團糟，心情也一直被左右。**

你的家是什麼樣子，你的心態就是什麼樣子。

總是沉溺於舊物，就會邁不開雙腳迎向新的生活；總是捨不得沒有用的東西，能量就會白白消耗；捨不得亂七八糟的雜物，心往往也是亂的。因為捨不得這些物質，精神世界也被打亂得一團糟。

當購買新東西的時候，新舊物品混在一起，可家只有那麼大，你又該如何？**關注物質，無非是關注它的價值。**價值可能是體現在金錢上，也可能是體現在感情上，或者是紀念意義上。但是如果對你沒用，再多的價值也沒有意義，相當於無價值。只有有用和能被欣賞的東西才有價值，其餘的只是耗費你能力的產品。

甚至因為物品上夾雜著情感，讓你也無法走出過去的陰影，更加捨不得過去。捨不得過去就代表放棄了未來，放棄了以後擁有更好生活的希望。

不要為這些無用的物質所拖累，捨去物質對生活帶來的影響。捨得自己的欲望，捨得虛榮心，捨得過去，才能迎接未來。

將家中無用的東西整理乾淨，不再被物欲所左右，不再因為物質而影響心情，才能夠簡單地生活，不被物質所控制。

「如果可以，我想回歸簡單」——這不是「苦行僧」式的自虐，而是一種更人性化、經濟環保而又輕鬆愉快的生活方式。極簡的生活方式，其實是一種「捨」的智慧。面對越來越豐富的生活，物質本身成為一種牽絆。選擇保留必需品，為生活騰出更多的空間的同時，也為生活帶來新的靈感。

所謂極簡生活，實則是沒有終點的自我探索之旅。

# 東西要被欣賞和使用，才有價值

「這是好東西啊，用了可惜了！」

「這個很貴的，我才捨不得用！」

「這是限量版啊，我好不容易買到的！」

日常生活中，我們經常聽到類似的話語，由於受到這些觀念的束縛，很多人都會因為捨不得使用，而將自己喜歡的東西「收藏」起來。這同樣是一個誤區。

正因為那些都是好東西，所以才應該被使用，將其作用發揮到極致，而不是束之高閣。

因為有形的東西終有損壞的一天。

最不明智的做法是，有些人一邊覺得自己「浪費！浪費！」，一邊又將空間填得滿滿的。當你一次次地抱怨家裡空間不夠用時，你是否想過，絕大部分物品其實是藏而不用的？雖然有些物品被放在外面，卻很少會去使用。要知道，我們每天使用的東西比想像中要少得多。

極度削減物品的方式，使人更容易將注意力集中在房間裡那些為數不多的物品上。這種環境能讓心態平和，也使你的感官更敏銳，思考更加清晰。「如無必要，勿增實體」是極簡主義者推崇的生活信條。

想要簡單地生活，就要知道自己擁有什麼，哪些又是真正有價值的。東西總是在不知不覺間越堆越多。

「多餘的財富只能買多餘的東西，人的靈魂必需的東西，是不需要花錢買的。」梭羅百年前在名著《湖濱散記》中的娓娓道來，卻在當今時代的浮光掠影中顯得越發深刻。一件美麗的餐具，如果因為昂貴而捨不得使用，放在櫥櫃裡，就失去了它的價值；一本再精緻的筆記本，如果捨不得寫字記錄，那你的生活豈不是很廉價？

也許有人會說：「如果把生活極簡了，那不是禁止我們的欲望嗎？不能買想要的東西，想要的東西也不敢買，這麼委屈的人生，還有什麼意義？」因為在他們眼裡，這種生活方式太清苦、太無味、太寡淡。

那麼，極簡是要人們真的回到縮衣節食的、原始的、清貧的狀態嗎？當一種追求陷入極端，就偏離了它的本意。「極簡」本身只是一種最終的目標或趨向，而不是一把固定的尺標，應該符合「自然」和「協調」的標準。**極簡生活是一種自控的快樂，而不是刻意的束縛，否則，就會讓精神走入另一個「牢房」。**

就物質而言，要用而有物，物品要充分體現價值，而價值的體現就在於它們值不值得欣賞，以及有沒有使用價值。換句話說，能不能提供精神享受或者物質用途，才是一樣東西價值的體現。判別一樣東西到底該不該留下，就要判別它有沒有價值，再作出選擇。沒有價值的東西並不會讓你多幸福，也不會讓你的人生提升。

所以，丟掉那些華而不實，你也不會再看第二眼的東西吧。把那些你穿不出去的衣服送人或者捐掉。將那些不再看的書、光碟全部送人。不要再讓這些無價值的東西去充斥你有價值的空間。

在日本有種很流行的清單，叫「火災事後單」。清單上面要列出如果發生了火災，你需要重新買的東西。這些東西對你而言才是真正有價值的，剩下的東西，既然重來一次你都不需要，那麼現在你也不需要它們。

「極簡」本身只是一種最終的目標或趨向，而不是一把固定的尺標，應該符合「自然」和「協調」的標準。

價值的體現就在於它們值不值得欣賞，以及有沒有使用價值。

只有清理了這些沒有價值的東西，才能清楚什麼是真正有用的，才能開始極簡的生活。

**能夠合理使用物品的智慧，其實也是生活的智慧。**

# 「沒有了就會很不安」

第一次去男朋友或者女朋友的家你會注意什麼？肯定是整體環境。

和也第一次去女友小薰家裡的時候，就有了想要分手的念頭，原因是——她的家就像倉庫一樣！滿屋子的紙盒和收納箱，雖然堆得整整齊齊，但是數量卻著實可觀，家被堆得像倉庫一樣滿。

這些東西也非昂貴的收藏品。小薰還為每個箱子寫了標籤，怕自己找不到。

小薰解釋，這些都是她人生一步步的經歷，要是沒有了這些東西就會很不安，就好像心裡缺了一塊，過去的記憶也都是不完整的。

同樣，阿雅也陷入「沒有了會很不安」的怪圈，她有很多衣服，都堆在櫃子裡，以至於新衣服都沒有地方可以放。有朋友勸她把不要的衣服丟了，她卻說，要是丟了那些衣服，過幾年再流行怎麼辦？這些衣服又沒過時，還可以穿。雖然沒見她穿過，但她還是覺得要是沒有了這些衣服，就會很不安，總覺得少了些什麼一樣，不肯丟。

緒美一直都困在混亂的感情中，男朋友對她並不好，讓她很傷心，但就是下不了決心分手。她總怕失去男朋友，一想到要是沒有男朋友了就會很不安。可是她的男朋友根本不在乎她，還在外面招惹其他女孩，緒美都只能睜一隻眼閉一隻眼。每當自己一個人的時候，她會覺得很委屈，但是每當男朋友說要分手，她都會苦苦挽留。她每天都很痛苦，但又捨不得斷了這段不健康的關係。

為什麼我們經常那麼難以捨棄？因為經常會覺得「沒有了會就會很不安」。不管是物質還是感情，都被這種想法所束縛，無法自拔。

「沒有了會就會很不安」，其實是一種心理需要，囤積舊物，並非單純為了以後用得上，而是缺乏安全感的表現。這種想法是因為害怕失去，以擁有帶來的安全感，正是因為自身的安全感不足。囤積的「廢物」是充實感的外在形式，讓人感到暫時的穩定和安全，體會到生活中的掌控感，在環境中找到「不變」的穩定感。

獨立的人，會懂得取捨，無法讓生活更好的東西統統丟掉，讓自己不快樂的人也會放棄。

害怕失去，不僅體現在物質上，在精神上更是如此，這是一種依賴。即使人際關係讓自己多麼受傷、不快樂，也捨不得丟掉，這是懦弱、不成熟的表現。

想要簡單生活，就要拋棄這種理念，克服不安的內心，沒有了就是沒有了。**只有敢於放棄和丟棄的人，才能有更新、更好的生活。**簡單生活說起來容易，但割捨確實很難做到。

**只有透過豐富自己，讓自己有所支撐，才能脫離對物質和他人的依賴，成為一個獨立的人。**

獨立的人，就會懂得取捨。不好的東西帶來負能量，無法讓生活更好的東西統統扔掉，讓自己不快樂的人也放棄。畢竟人都是追求幸福的，極簡生活也是追求幸福。想要過得幸福，就要拋棄這些無用的垃圾。

就好像一間房子裡若滿是垃圾，誰也不會舒服。一個人的心裡若都是垃圾，生活也只能一團糟，心情也會一直煩亂。

只有自己能給自己安全感，這是物質和人際所不能帶來的。等自己夠有自信後，就會明白沒有什麼物質是不能丟掉的，也沒有什麼人是沒有了世界會就會塌下。留下有用的東西，珍惜身邊愛你的人，這才是最重要的。

其他沒有用的東西和只有傷害的人際關係，越早拋棄越好。當你覺得自己離不開，沒有了會不安的時候，你就會害怕失去。可當有一天你真的拋棄了這些雜物，斷了那些人際關係後，會發現這一切其實沒什麼大不了，生活反而因為沒有了這些而變得更輕鬆、更美好。

只要消除所有「不心動的元素」，就能讓居家環境一口氣變清爽，效果超乎想像。如果你也想打造讓人怦然心動的自己，請務必嘗試。**你要知道，不管失去了什麼，你都還是你。**

# 什麼是時尚？法國人只需十件衣

法國一直被認為是時尚之國，女性的王國。巴黎更是時尚之都，那裡人們的穿著就好像是一部部時尚聖經般，引來全球的模仿。如今的時尚是什麼，只要看看巴黎就好。我的朋友雅蘭剛從法國回來，卻讓我跌破眼鏡。

雅蘭是個奢侈品愛好者，非常喜歡購買各類奢侈品，當季的最新服裝都不會錯過，光是絲巾就有五十多條，她說這樣可以搭配不同的衣服。作為熱愛時尚的女孩，她選擇去法國度假，想要提升時尚的品味。於是她帶著兩個空的大行李箱前往法國，打算大肆採購一番。回來時，行李箱裡除了放著送人的禮物外，只有兩件基本款的精緻衣服。

變化還不止這些，再次見到雅蘭的時候，她已經不再穿著誇張，而是簡單又不失優雅，而且她居然穿上了之前見過的衣服。這是原來想都不敢想的——她有個原則，見同一個人，同一件衣服不能穿兩次。

雅蘭家裡也收拾得乾乾淨淨，原來被堆得滿滿的衣帽間，如今空蕩蕩的，只掛著幾件精緻又適合她的衣服。口紅也從原來的六十多支縮減成五支基本色。沒了那麼多衣服和化妝品，她的家也比以前整齊得多。

見到我很驚詫，雅蘭微微一笑，告訴我她到巴黎才知道什麼是真正的時尚，才了解何為時尚。

時尚並不是穿著花花綠綠、五花八門的衣服，更不是大衣櫃裡堆疊如小山般的儲備。在法國，女人只需要十件衣服就夠時尚、夠優美。再多的衣服也不如這十件優美。

因為這十件衣服是精心挑選出來，完全貼合自己氣質的衣服，好像量身訂製一樣，可以將自己的氣質和個人特色展現出來。很多女人有很多衣服，可是怎麼也穿不出自己的風格，無法展現自己的氣質。因為她們根本不了解自己，不知道自己到底適合什麼。穿得越雜，擁有越多衣服，反而越沒有自己的特色。

在法國，沒有人會因為你穿得多花俏而對你另眼相看，也沒有人會在意你身上的衣服是不是名牌、值多少錢。你的氣質和品味是不需要靠多麼貴重的衣服、飾品以及鞋子來呈現的，也不是多麼大牌的彩妝可以勾勒出的。那是從你的臉上、你的表情、你處世的態度中散發出的魅力，這才是最迷人的。

所以法國人對待物品的態度更為客觀。脫離了炫耀和比較，物品就回到了物品本身。它為我們的生活服務，並讓我們生活得更好。法國人並不會以擁有多少東西、擁有多貴重的奢侈品為傲，更不會用物質打造自己的個人標籤。法國人更在乎的是精神世界，一份精神上的淡然。

她們雖然時尚，但是她們的時尚在於對生活和藝術的追求、對美的追求。對她們而言，去逛奢侈品店，去購買大牌的衣服和包包，並沒有比在一個舒服的午後，坐在咖啡館安靜地喝一杯咖啡、看一本書更為舒適，更讓他們快樂。他們快樂的泉源在於精神的滿足，而不是對物質的追求。

**我們早就習慣了因擁有一些東西而沾沾自喜，一切就像是永無止境的追逐，物品成為唯一的尺度，所有人都深陷其中，並為此奔命。在我們的臉上都是膚淺和對物質的欲望，總是希望有更多的東西能讓自己「看起來」更好。**

缺乏價值感，物品就成了唯一的尺度。

如今，人們經常趁著大特價去瘋狂購買廉價品，再多也無法體現出自己獨特的韻味。因為要得越多，就越只圖新鮮感，或是抱著嘗試的感覺。越多的衣服越無法體現個人風格。沒有個人風格也就喪失了氣質，衣服本身除了好看外，不會帶來任何其他作用。衣服多了，保養就會疏忽，即使是再貴的衣服，不認真保養也會變得廉價，看起來和那些便宜貨沒有區別。

與其總是花大把金錢去搶購，還不如把這些錢省下來，去買幾件真正適合自己的精品服裝。並不是最新、最花俏、最貴的東西就是時尚。只要搭配得當，就永遠不會落後於時尚。

然後把剩餘的精力都用在自己身上，衣服永遠都只是襯托的工具。時尚是來自於每個人獨特的氣質，你本身的內涵、行為處事、精神世界所決定的。不要再盲目地追求物質，盲目地追求當季新品或者是不得不買的爆款產品。多用些精力在培養自己獨特的氣質上，將精力從物質中解脫，多放在精神上，你會有新的收穫。

**把日子過成詩，與貧富無關，只和修養有關。有詩歌可下酒，有夢想可實現，才是讓人生更豐富充盈的方式。而這些，都遠比物質本身來得重要。**

第五部

# 工作極簡
# 不拖延、不抱怨

別總抱怨自己的時間不夠用
時間就在那，不增不減
你只是沒使用正確的打開方式而已

# 找回對自己的信任

在職場中，你是否感到自己被束縛住了呢？

當面臨一項難度很高的任務，當面臨複雜的人際關係，當面對老闆的時候，你是否有過想退縮的念頭？之後這些就成了你的壓力，讓你寢食難安，生活被擾得一團糟，做什麼都不踏實。

造成這種問題的主要原因其實並不是任務有多難，人際多複雜，老闆多苛刻，而是你自己對自己的不信任。

因為不信任自己有能力可以解決，才會被難度嚇住。因為不信任自己可以處理好人際關係，所以乾脆不管不顧。因為不信任自己做得很好，才會害怕面對老闆。職場上大多數的做不到，其實都是因為不相信自己可以做到。

**輕鬆面對職場，就要找回對自己的信任，只有自己信任自己，別人才能信任你。**

如何挽回對自己的信任呢？那就要做好以下四個方面。

## ▼充份了解自己，知道自己的優點，知道自己的缺點，知道自己所擅長的方面。

很多人不信任自己，是因為根本不了解自己有哪方面的能力。要先充分地了解自己，知道哪些是自己能力範圍內的，哪些是能力範圍外的，哪些是透過努力就可以達到的。知道自己適合怎樣的工作方式、怎樣的處理方法。只有先了解自己，才能施展自己的能力，挽回對自己的信任。

如何了解自己呢？就要聽聽別人的意見，以及找到屬於自己的工作風格。看看自己在哪方面做起來最輕鬆，目前覺得自己哪方面沒有問題。同時為了防止盲目，也要聽聽同事的觀點。對之前的工作進行總結，看看哪些是自己真正擅長的。

### ▼用「我可以試試」代替「不行」。

不要總是說不行，或者一但覺得不行就放棄，要勇於嘗試。只有勇於嘗試，才有進步的空間。總是說不行也是一種對自己的催眠，久而久之就會覺得自己真的不行。不要總給自己這樣的暗示，要告訴自己我可以做到，透過努力和改進，我可以達到目標。如果你覺得自己不行，那麼不會有人覺得你可以。給自己一點自信，不要總是從一開始就否定自己。

### ▼找出問題和差距所在，全力彌補。

如果發現自己的能力確實有差距，那麼就要想辦法解決，而不是放棄或是唉聲嘆氣地順其自然。發現自己哪些地方確實不行，就要及時去向前輩請教，查看工作紀錄以及在網路上或書上找答案。千萬不要因為遇到一些困難而半途而廢。這樣否定自己，既會讓自己澈底否定自己，也會讓別人否定自己。

每個人都不是完人，在某些地方不擅長也是人之常情，重要的是你要想辦法去學會。不要害怕學習，或者害怕麻煩，那只會帶來更大的問題。虛心請教，腳踏實地地學習，鍛煉自己，你會發現自己原來可以做到，並沒有想像中的那麼困難。

## ▼及時總結，事情過後也要進行自我總結。

總結自己這件事做得如何，哪些方面遇到了問題，又是怎樣解決的，這些都有助於在下一次遇到相似問題時不會迷惑。總結自己的問題所在是為了避免問題再次發生。同時在總結的過程中，你會看到自己的成長，相信自己有能力可以完成這方面的事。

不要急於否定自己，每個人都是潛力無限的，相信自己，找回自信，你會發現其實很多事情並沒有想像的那麼艱難。只要你肯用心，沒有什麼是辦不到的。

讓工作變得輕鬆，不要給自己那麼大的壓力，相信自己有實力去解決這些問題，放鬆心情，放鬆自己的內心。

# 任何事情都可以歸為四類

在工作中經常會遇到手忙腳亂的情況，許多事情一股腦地轟炸過來，看起來一點頭緒也沒有。經常會忙得沒時間喝水，卻發現該做的沒有做，工作效率低下，自己也累到不行，還被領導批評。

這是因為你沒有弄清主次關係，毫無條理地抓一件做一件造成的。如果有條理、層次分明地去做，就會事半功倍。

**時間管理四象限法將任何事情歸為四類：重要且緊急的、重要但不緊急的、不重要但緊急的、不重要也不緊急的。**

遇到事情堆在一起都要處理的時候，就要先將它們分類，哪些事情屬於重要且緊急的，哪些不重要。不要在乎分類所用的這些時間，磨刀不誤砍柴工，事先做好準備，才能夠條理清晰、有條不紊地一件件完成。

## ▼首先要做的事情一定是重要且緊急的。

這類事情才是你的老闆關注的，也是你表現能力和價值的地方。面對重要且緊急的事情，要按緊急程度排序，越緊急的越要優先去做。

處理這類事情的時候，一定要將注意力集中，一次只做一件事，不要想著可以同時做。因為這些是最重要的，值得耗費精力全力以赴。認真踏實地想好每一步，把重要且緊急的事情都做完後，再去做其他的事情。

## ▼之後要做的是不重要但緊急的事情。

這類事情往往是些事務性工作，可能沒那麼重要，但是很著急，不做的話會對你產生不好的影響。所以按照緊急程度，這類事情也是需要趕快處理的，以免不及時做完產生其他問題。

面對緊急問題，依舊要精力集中，免得耽誤了時間，讓簡單的事情變得複雜化，那樣就得不償失了。

## ▼再之後是重要但不緊急的事情。

這類事情往往需要消耗大量的時間和精力，既然著急的事情都做完了，這些就慢慢地有耐心地做就好，不用再想其他的東西。要知道你做完這些後，就只剩下不重要也不緊急的事情了。

## ▼對於不重要不緊急的事情，可以選擇兩件一起做，來節約時間。

但是盡量不要出錯。在職場上一點小錯誤，就可能會引起大麻煩。

條理清晰地完成工作是一個人能力的體現，但這並非什麼難事。如果在工作中發生了突發情況，或者臨時增加了工作，也要按照這四種分類分好。不盲目地做，做事就要做得到位。先把重要又緊急的事情做好，才能讓自己做其他事情的時候不被那些事情煩心，也不會惦記那些事情有沒有做，會不會出什麼問題。

在完成工作的時候，也千萬不要有拖延的心理。緊急的事情不會等你，重要的事情不會因為你的拖延而變得不重要。踏實地做好每一件事，才是證明自己能力的好方法。做好分類，條理化你的工作，你會發現再多的事情也不過這四類。按照這個方法去做的時候，再繁雜的工作也變得清晰。

別總抱怨自己的時間不夠用，時間就在那裡，不增不減，你只是沒使用正確的方式打開而已。

在完成工作的時候，千萬不要有拖延的心理。踏實地做好每一件事，才是證明自己能力的好方法。

# 一次只做一件事

小武近來工作量很大，公司業務的增加讓他每天都忙到不行，恨不得多幾個分身來幫忙。為了能夠早點做完，他選擇了統籌學的「一次做幾件事」來增加效率。結果不僅效率沒增加多少，還出了一堆錯誤。為了彌補這些錯誤，他只好再花費更多的時間和精力重做，這讓他感覺更累了。

和小武工作量相當的阿龍和他的做法正好相反。阿龍看起來做事比他慢很多，但最後交差的時候永遠比小武要快，做得要好，出錯更少。阿龍的原則是一次只做一件事，即使事情再多再雜，他也堅決一次只做一件。剛開始有同事嘲笑他不會統籌時間，只會蠻幹。但後來發現，部門中，只有阿龍的效率最高，出錯率最低。

一次只做一件事，聽起來好像並沒有很合理地運用時間和精力，但其實這才是最好的做事方式。因為只做一件事，才能把精力百分百地放在事情上，認真地想辦法，一步步地去做、去檢查。

這樣子看起來是會慢很多，但實際上因為只做一件事，效率反而更高。當一個人把精神和時間都用在這一件事的時候，完成的質量也會比三心三意的要好很多。出錯少，就意味著節省了修正的時間和精力，事半功倍。

有時候工作中總會突然出現一些事情打亂原有的工作計劃，紅月經常遇到這種問題。經常在做到一半的時候，就會有其他緊急需要處理的事情。原來紅月總是想著如何可以一起辦完兩件事，以免這件事做到一半放下會亂了思路。但是每次這樣子，就一件事都辦不好，自己還忙得不可開交。之後紅月請教了前輩，前輩要她準備一個單獨的本子，劃分為四個區域：重要且緊急的、重要但不緊急的、不重要但緊急的、不重要也不緊急的。把所有遇到的事情劃入這四個類別中。當有緊急的事情時，先記錄下自己當前的工作進度和下一步需要做的東西，然後去做那件緊急的事情。對於之前的工作暫時先不去想，認真地辦好那件事後，再按著之前本子所記載的，完成之前要完成的事情。這樣即使中間去做了別的事情，有了紀錄，也不會忘了要做什麼。

按照前輩的方法，紅月發現自己的效率比以前高多了，出錯率也降低了很多。

在職場上，像紅月一樣遇到突發事件的情況經常發生，讓我們無法踏實地工作。這個時候，工作日誌就顯得格外重要。在去做別的緊急的、必須做的事情前先把手上的工作記錄下來，把思路和步驟都記錄好。這樣一來，做完那項工作後，還能繼續回來做這項工作。

一次只做一件事，才能做好。人的精力只有一份，強行分割，一心二用，往往什麼都做不好。如小武一樣，想要提高效率，但適得其反。

拋除雜念，做一件事情就要踏踏實實、心無旁騖，不要做著這件事情，想著其他工作，這樣兩件都做不好。更不要想著可以把統籌學中的一次做兩件或者做幾件事情搬上職場。**職場是不允許疏忽和錯誤的，認真對待每一件事，保證不管哪件事都不出錯，都能做到最好，才是最重要的。**

人就是這樣一種動物，一些小事如果能給你正面回饋，那麼其實這件事會為你帶來很大的變化。所以，請一次做好一件事，每次做好一件事。

# 辦公桌和工作能力，一目了然

讓我印象特別深刻的一件事情是，去一家大公司面試時，門口貼著這樣幾個字：「要簡潔！所有的一切都要簡潔！」這有兩層意義：第一，提醒辦事要簡潔；第二，說明簡潔很重要。

生活本是簡單的，每件事情都是簡單的，可是為什麼卻越活越累，越活越複雜，甚至要把「簡潔」作為要求貼在公司門口提醒每位員工呢？

如果說一個人家裡的狀態就是這個人的內心狀態，那麼職場上一個人辦公桌的樣子就是他工作能力的體現。

職場精英絕對不會允許自己的桌子亂成一團，文件隨意地堆在一起，辦公用品和擺攤一樣地散亂著。更不會允許自己的桌子上有和工作無關的東西，比如小玩具之類。他們的辦公桌往往整齊、整潔，所有的文件都放在應放的位置，並按照順序排列好。這樣，在他們需要的時候，不用耗費任何額外的時間在查找上，一目了然。每件辦公用品都放在順手的地方，方便使用，又不會顯得亂。而那些經常見到的小盆栽之類的東西，根本不會出現在他們的桌子上。

專業、職業、敬業是職場人的信條，也是辦公桌應該呈現的狀態。亂七八糟的辦公桌，會影響人的工作心情。當你一到辦公室就看到滿桌子的文件時，心情也不會好。當你找一個文件怎麼也找不到的時候，就會急躁、煩亂，該做的事情可能會因此受到影響。要是東西沒有放好，沾上咖啡漬等，就會顯得你的工作能力低下。

**一個人如果連自己的辦公桌都收拾不好，那麼他對待工作的態度就和辦公桌所表現的狀態一樣，沒有條理，沒有層次。**

**收拾好你的辦公桌，讓它顯得整齊，也就是收拾好你的心情，去面對工作。**

將辦公桌收拾好，首先就要把檔案全部整理好，不要新的舊的都混在一起。要注意檔案的順序，按照類型、重要性和時間進行分類。這看起來是一件很耗費時間的事情，但是做完後，你會發現在忙於工作的時候，查找變得更快速了，不必再花費大量時間在自己的桌子上胡亂翻看。在無形中，省去了很多時間。

將有用的文件整理好，放在一個地方，並貼上明顯的標籤，提醒自己這是什麼東西。將無用的文件碎紙，不要讓它們再占用空間。

確定每件辦公用品的固定位置，用完就放好，不讓自己花時間在找出用品上。尤其是常用的筆、訂書機、計算機等物品，一定要放在順手可拿，又不影響自己的位置，放得盡量整齊，看起來也會舒服很多。

辦公用品隨便放置，很容易在需要的時候找不到，影響整個工作。如果由於著急沒能放好，就在事情都做完後物歸原位。只有每件東西都放在應在的位置上，用起來才會得心應手。

和工作無關的東西不要擺放太多，太多的雜物會讓你工作分神，別人看到也會覺得你不夠職業。有些女孩子喜歡在辦公桌放些小玩偶、小玩具或是盆栽。放一件兩件是調節工作氣氛，放過頭了就會讓人感覺幼稚、不成熟、不夠專業。而這些東西也會在工作中讓人分心。如果不想被這些東西影響，就把那些可愛的小物品都帶回家吧，不要讓它們為你的工作增加麻煩。

將辦公用品分類收納好，才能為辦公桌帶來整潔，更整潔的辦公桌可以為你帶來更高的效率。

經常擦拭辦公桌，不要讓電腦和桌子上有灰塵或是其他痕跡。在把辦公桌清理乾淨後，就要注意日常衛生了，乾淨整潔的事環境才讓人更舒服，也更能集中精神在工作上。不要讓灰塵和一些別的痕跡，比如水痕、筆跡等將辦公桌弄髒。

收拾好自己的辦公桌，也就是收拾好自己工作的心情。更整潔的辦公桌可以帶來更高的效率，讓你的工作能力更強。

# 能立刻解決的，現在就做

為什麼我們經常煩惱，覺得工作越做越多，怎麼也做不完？拖延症是職場的大忌，也是影響我們工作的首要敵人。

因為拖延，我們本身的工作沒有完成，又要面臨新的工作，就會讓我們備感壓力，力不從心。尤其是必須完成的時限要到來的時候，更是讓我們感到煩躁。這時做事往往效率也不會高，質量也不會好。

拖延本身並不能解決任何事情，也不能幫助我們完成工作。這是每個人都知道的惡習，但又經常用各種原因幫自己找拖延的理由，比如再等等、吃完飯再說之類的話。最後就是等到所有的事情都混在一起，每件事情都必須去做，本來簡單的工作就因為拖延變得複雜，本身簡單的工作更有可能因為拖延而變得困難起來。

拒絕拖延症，能立刻解決的，現在就做，不給自己任何拖延的藉口。

要想擺脫職場拖延症，可以試試下面這幾種辦法。

**▼將要做的事情全部列出來，精細到每一個小項目。**

每當你做完一件事的時候，就在旁邊打個小勾，或者直接塗掉。完成一件事帶來的成就感和輕鬆感會讓你覺得這些東西也沒有那麼困難，也是很簡單的，可以督促你繼續做下去。

當你把所有的事情都列出來後，貼在一個醒目的地方，也是給自己一種危機感，提醒自己有這麼多事該做而沒有去做。讓自己知道沒有那麼多時間可以拖延，只有一項項做完才能夠休息。

**▼為每件事都加上時限。**

比如這件事情我要在三分鐘內做完，那件事情我要在幾點前完成。需要注意的是，這些時限一定要比你交差的時限早一個小時以上，以確保萬一有突發情況也可以按時完成工作。為自己增加時限，細到每一件小事上，增加緊張感，也能讓自己清楚地知道每件事情都不能拖，必須早點做完才可以。

## ▼在辦公桌明顯的位置醒目地貼上「不要拖延」的字樣。

雖然聽起來有些傻，但這種心理暗示的方法卻很有用。只要一抬頭就能提醒自己不要拖延，該做什麼做什麼，不能浪費時間。這樣簡單的辦法往往有意想不到的效果。越簡單，越容易被提醒，不斷地提醒自己，達到警示的作用。

不要把明明可以立刻解決的事情，拖到後面去做。**能夠立刻解決的事情，既然可以很快地做完，就不要拖延，讓工作變得複雜。而且很有可能因為你的拖延，本來可以立刻做完的事情，到了後面就變得複雜不那麼好做了，到時候再後悔也來不及了。**

能馬上解決的事情就立刻去做，也要用心地去做，不要因為簡單就變得隨意，潦草湊合了事。那樣後續可能會出現新的問題，本來很簡單的事情變得麻煩起來。即使是再小的事情也要夠用心，夠認真，不要出錯。

# 清理你的暫存檔

每當完成一件工作，就會留下相應的痕跡。就好像當每次操作電腦的時候，都會在電腦中留下相應的暫存檔。這些暫存檔如果不能及時清理，電腦運行速度會就會變慢。在工作中也是如此，如果工作產生的暫存檔沒有及時清理，工作效率也會被拖累，還會白白浪費很多精力。同事或上司看到了，會覺得你做事沒有條理，懷疑你的工作能力。

那麼要清理哪些暫存檔呢？大概分為以下四個方面。

把那些確實沒有用的便籤全部丟進垃圾桶，再去貼新的便籤。

## ▼過期無用的電子郵件

很多人以為現在電子信箱空間越來越大，電子郵件可以不用清理，反正又不會涉及信箱空間已滿的問題。但這想法是錯誤的，雖然空間可能不會滿，但如果哪天你需要找一份郵件的時候，你會發現它早就被一堆無用的舊郵件淹沒。一頁頁地回去翻找，既浪費時間，也浪費精力。要清理的電子郵件，包括已經過期沒有用的郵件、垃圾郵件、廣告郵件、重覆郵件、錯誤郵件等。

這些郵件對你的工作並沒有幫助，就順手清理掉吧，不要覺得麻煩。清理掉這些東西後，真正有價值的東西才會一目了然，等你需要的時候，才能一下找到。

## ▼無用便籤

做便籤是一個好習慣，用便籤記錄該做的事情，已經做了的事情，記錄臨時的電話和想法，又或只是提醒自己。便籤在工作中的應用十分廣泛，也是輔助工作的好工具。但沒用的便籤就丟掉算了吧，不要讓這些東西影響你工作的心情。

貼得滿滿的便籤會帶來一種緊張感和壓迫感，好像很多事情都沒有做一樣。過多的舊便籤，也會讓人看不清新便籤的位置和提醒自己的東西。

當有用沒用的便籤都混在一起的時候，便籤的作用就會大打折扣。所以將它們整理乾淨，把那些確實沒有用的便籤全部丟進垃圾桶，再去貼新的便籤。

## ▼電腦桌面

很多人的電腦桌面很亂，上面圖示一大片，文件和圖表也都堆在上面，密密麻麻的讓人看了就心煩。電腦桌面雜亂的人工作效率也不會有多高。應該分類在各個資料夾和硬碟裡的東西都沒有分類放好，反而堆在桌面上，在查找和備份的時候都會造成麻煩。

如果是臨時來不及而存在桌面上的東西，就要定時地進行整理。草稿和沒有用的東西就刪除。電腦桌面上，除了必需的幾個圖示外，其餘的東西都不要有。常用的東西可以放在一個資料夾裡，資料夾取好名字放在桌面。但不要都攤在桌面上，讓人打開電腦就感到煩躁。

## ▼過期無用文件

工作中經常會產生大量的文件，過期或沒用途的文件丟掉就好。既然本身沒有用了，這種東西也沒有任何的紀念價值，就不要讓它們占著你的辦公桌和資料夾。直接碎紙或者是丟掉就好。否則，這種東西只會越積越多，越積攢越沒用，還會影響你找真正需要的文件。

處理這類東西的時候要小心，首先要確定是不是真的沒有用。確定要一看再看上面有沒有涉及一些機密，或是不能被人看到的東西。如果有的話就拿黑色筆塗黑後，再用碎紙機粉碎。要是什麼都沒有，只是沒用的話丟掉就好了。

把麻煩的事情變簡單，將極簡力用在職場中，工作才會更輕鬆，更高效。只有清理好電腦的暫存檔，電腦才能和原來一樣快。只有清理好工作上的暫存檔，才能不在這些東西上消耗無謂的精力。清理好你辦公桌上的暫存檔，就是清理你工作上的冗餘。不但自己看了會舒服很多，做事會更加清晰，同事和上司看到也會覺得你是個做事有條理的人，對你另眼相看。

**定期為自己的工作和生活都清理「暫存檔」，把你從雜亂無章的感覺中解救，讓頭腦有清理內存、澈底淨化的時間。**

**清理掉你的暫存檔，適時把自己「歸零」，就能不斷追求卓越，在「歸零」之後再贏得新的成績。**

第六部

# 生活極簡

# 不花俏、不浪費

簡單地親近著生活
親近著大自然
帶來的快樂也是簡單而美的

# 放棄無用的社交

在生活中很多時候我們都為社交所累，響個不停的手機、聯繫不完的人、去不完的局。在緊張的工作外，片刻也不能休息，要不停地和不同的人打交道，不斷地偽裝自己，不能鬆懈。久而久之，本來就很緊張的生活，被壓縮得更不像樣。

清水就遇到了這樣的問題。他被自己的社交圈纏得喘不過氣。看起來他的朋友很多，總是有局，下班後總是和形形色色的人聚在一起。但實際上只有他自己知道這些都是為了什麼。有些是因為人情不得不去，雖然自己可能也不喜歡那些人，但是為了人情往來怎麼樣也得去。有些是想累積日後的人脈，要多去認識人，才逼著自己去。還有的是顧及原來的感情，雖然已經越走越遠，但還是要時不時地聚聚。

這樣子的社交讓清水十分疲憊，除了聚會，平時還要多打電話聯繫，過年過節要問候，生日也要記下來，社交網路傳了訊息還要回應。清水感覺自己除了工作就是在維護這些社交，完全沒有了自己的生活。

阿葵也遇到類似的問題，只不過她是被幾個負能量爆棚的朋友纏住了。這幾個朋友天天和她抱怨生活中的事情，一點小事就要抱怨很久。傳訊息不過癮，還要打電話，一吐槽就是一個多小時，平常動不動就拉著阿葵陪著散心。阿葵本身工作很忙，休息時間還要陪這些人，很多想做的事情就沒有時間去做。不但如此，她們的負能量還讓本來陽光的阿葵也變得壓抑，阿葵經常感到力不從心，有時候還會想哭。

黑二有很多同學朋友，沒事就聚聚，一個星期要聚兩三回。在一起不是吃飯就是唱歌，每次都要玩到凌晨才回家。第二天上班的時候，黑二經常覺得沒有精神，但要是不去的話，又會被說話，還要在下一次請他們喝酒。黑二現在最怕的就是這樣的局，不去不行，去了又覺得沒意思，整個人的生活都被擾亂了。

生活中這樣的事情比比皆是。很多時候我們為了維護所謂的社交投入了巨大的成本，最後一無所獲，自己還很累，耽誤了很多應該做的事情。人的精力是有限的，當投入到無用社交中越多，該做的事情會就會被耽擱，最後得不償失。

如何分辨什麼是無用社交呢？這就要從幾個方面來判斷了。

## ▼這種社交活動對你的生活和工作有沒有幫助。

很多時候我們參加一個局僅僅是為了玩，對生活和工作一點幫助也沒有，認識的人也不會對自己有任何的幫助。這樣的社交就是無用社交，即使投入再多也不會有任何的回報。社交不在於你認識了哪些人，重要的是這些人是否能對你的生活和工作有所幫助。就好像是清水遇到的問題，認識了很多人，要花很多時間維繫，但是這些人除了擠占他的生活外，絲毫沒有對他起任何作用。這樣的社交就要遠離，不要花費大量的精力在這種社交上。

## ▼這種社交活動會不會為你為來負能量。

這種社交最為可怕，會在無形中吞噬你的精力和正能量，讓你也變得頹廢起來。就好像阿葵遇到的情況，誰都會心情不好，但是如果總是心情不好找你抱怨就要當心，不要讓她依賴上你。一但依賴上你，你就會被無止境的負能量包圍，似乎你的存在對她而言就是為了抱怨的。說難聽點，你已經淪為她的垃圾桶，她能給你的也只是垃圾。遠離負能量滿滿的人，她們只會遮住你的陽光，讓你也和她們一樣陷入低谷。不要總是抱著一顆聖母心態覺得自己可以真的幫得上她們，事實上，反而是被她們消耗。只有遠離了負能量，你才能接受正能量，生活得更好。

## ▼這種社交活動強迫你不得不參加，但是又沒有實際的意義。

如黑二一樣，被迫去參加聚會，不去的話就被人說話，甚至還要花錢。這樣子的社交等於把人綁架在情分這個詞上，以情分為名占用你的時間，而你也感覺不到快樂。很多時候我們出於難為情，或覺得多年的情分不要就樣毀了的想法，強迫自己去參加。但真正的朋友絕不會強迫你去做這樣的事情，也不會逼迫你去吃喝玩樂。這樣的社交無異於酒肉朋友，沒有任何的意義。

## ▼手機通訊錄中的人脈不是真的人脈。

在手機和網路流行的現在，很多人以手機通訊錄中人越多越自豪，錯誤地把這些人當成了自己的人脈，在這些人身上浪費了大量的精力和時間，盯著他們的社交網路是否更新，是不是該點讚、該評論，以為手機上的這些人今後在生活中和在工作中都可以用得到。

殊不知，其實都是點讚之交，並不是精心維護的感情，當打著這種人脈的旗幟社交的時候，撕破了外衣，裡面利益的面目還是會露出來，大家都露出這副面孔，今後的社會將會成為病態的社會。沒有真實情感，也不願意表述真實情感，人與人之間只有利益，會多可怕。當你對他們沒有價值的時候，你就被他們列為是朋友圈為自己按讚的工具，甚至把你刪掉。這樣的社交也是不值得維繫的。

真正值得維護的社交，一定是對你有幫助，能夠為你帶來正能量，讓你感到輕鬆的社交。不要為了無用的社交消耗太多的精力和時間。放棄無用的社交，不要再期盼從中可以得到什麼、學到什麼。給自己騰出空間和時間，讓社交簡單些，讓生活簡單些。不要以為你去參加一個小聚會或者晚宴，你就擁有了所謂的人脈，如果你本身對與會者是「無用」的，一直以 nobody 的身份參加各類報應酬，你仍然一直只會是 nobody。

**避免所謂的「合群」，放棄無用的社交。當你沒有達到更高層次的時候，人脈是不值錢的，請記住，人脈不是追求來的，而是吸引來的。只有等價的交換，才能得到合理的幫助——雖然很殘酷，但這就是真相。**

就像那個廣為流傳的故事：你是砍柴的，他是放羊的，你和他聊了一天，他的羊吃跑了，你的柴呢？所以，請放棄你的無用社交。

**在你自身還沒有修煉到足夠強大、足夠優秀時，請勿在社交上花費太多寶貴的時間，多花點時間讀書、提高專業技能，提升自己，世界才能更大！**

# 簡約而不簡單的生活，職場女性的簡易養顏經

極簡生活強調的是內在的平靜，但對於現代女性而言，外在也是很重要的。尤其是在職場上忙碌的女性，生活已經被工作占去了很多，就更需要花時間維護自己的容貌了。

很多職場女性會選擇花錢去美容院做美容，每個星期定期做。但常常花了很多錢，效果卻不太好。還有人會去買昂貴的保養品和美容產品，但花的錢和達到的效果往往又不成正比。

不知道什麼時候起，很多人認為在臉上塗東西可以滲入到皮膚中，讓皮膚變好，卻忽略了最簡單的由內而外的調理。在中國的中醫中，就很注重由內調理，來改變外在的氣色。在中國理論中，透過內在的補充和調養，可以保持青春，達到養

顏的作用。

作為忙碌的職場女性，時間就是金錢，下面就介紹一種簡易養顏經，每天只需要花很少的時間，就能達到養顏的效果。那就是現在開始流行的花朵美容經。

每個女人都喜歡花，想和花一樣嬌嫩就要先了解和合理利用鮮花和乾花。鮮花在花店就可以買到，乾花在超市就可以購買，是一種非常容易又時尚的新養顏法。只需要每天喝幾杯，一個月就能得到相應的成效。

### ▼美白祛斑，讓你的皮膚從內蛻變的神奇花茶：玫瑰＋桃花＋檸檬片，晚上喝的時候可以加入番茄汁及蜂蜜

玫瑰是眾所皆知的女性之花，裡面含有的維生素A、維生素C、維生素B、維生素E、維生素K，以及單寧酸可以促進皮膚的再生和美白，還能提高免疫力。玫瑰性溫，味道甜美，但不要和茶葉一起放，以免遮蓋本身的氣味。桃花也是美容之花，長期飲用可以促進體內新陳代謝，加快皮膚的成長。同時，桃花也有補血的作用，可以讓飲用者面容紅潤，長期飲用可以達到面若桃花的功效。

檸檬的美白效果在於獨特的檸檬酸，可以溶解黑色素，讓皮膚煥然一新。如果

情況允許，可以喝新鮮檸檬片，乾檸檬片的效果會略差一些。番茄汁的茄紅素也可以溶解黑色素，但一定要用新鮮的番茄榨汁。市面上的番茄汁飲料中含有太多添加物，對身體沒有好處。蜂蜜溫和，有補水的作用，還可以很好地調整口味，並且有助眠效果，適合在晚上飲用。

## ▼調節月經，改善內分泌情況的神奇花茶：月季花＋玫瑰茄＋紅棗＋冰糖

月季花又被稱為花中皇后，在中醫裡，月季味甘，溫和，可以入肝經，有活血調經，消腫解毒的功效。月季花還可以去瘀血，通氣脈及有止痛作用。氣味芬芳，非常適合日常飲用。玫瑰茄和玫瑰不同，又被稱為洛神花，氣味香醇，喝起來微酸。含有豐富的維生素C、接骨木三糖苷、檸檬酸等營養成分，有降壓和放鬆心情的效果，同時也有看怯瘀的作用。但玫瑰茄中果酸較多，胃酸過多的人不宜多喝。

紅棗的補血功能眾所周知，吃紅棗不僅可以補血，與花茶一起沖泡更能讓紅棗中的補血成分得到充分吸收。紅棗要切成片，或是要買專門用來沖泡的小棗才能完全發揮作用。但棗不要過多，以免上火。冰糖可以去火，還能提味，以免因玫瑰茄的酸性太強影響口感。冰糖與月季花搭配，能夠促進月季花中的活血成分被人體吸

收，達到更好的效果。

## ▼青春永駐，阻止皮膚老化的神奇花茶：洋甘菊＋金盞花＋紫羅蘭＋枸杞

洋甘菊的味道微苦，帶有些淡香，有治療失眠及低血壓、增強記憶力、降低膽固醇、舒緩頭痛及偏頭痛或感冒引起的肌肉痛、減輕過敏症狀等多種功效。這是一種實用性很高的花茶，其中洋甘菊對皮膚非常好，裡面的成分可以有效地對抗肌膚問題，達到促進皮膚再生的功能，能有效地預防衰老。金盞花早在古埃及就被人用在對抗衰老問題上，含有豐富的磷和維生素C，可以養肝明目、消炎養顏，更有增加皮膚彈性的功效，還可以保護消化系統，增強肝臟功能，刺激膽汁分泌，分解脂肪，達到一定的減肥效果。

皮膚老化除了日光照射外，主要問題在於水分流失。紫羅蘭味道香醇，搭配洋甘菊可以達到滋潤皮膚、撫平皺紋、怯斑美白的功效，讓皮膚更加細緻。長期飲用，還能收斂毛孔，解決毛孔粗大問題。枸杞含有豐富的枸杞多醣、胡蘿蔔素、維生素E、硒及黃酮類等抗氧化物質，有較好的抗氧化作用。枸杞子可對抗自由基過氧化，減輕自由基過氧化損傷，可以延緩衰老。

### ▼消除黑眼圈，全面改善睡眠狀況的神奇花茶：薰衣草＋勿忘我＋牛奶＋蜂蜜

薰衣草向來有助眠的效果，它可以安定緊張情緒，舒緩神經，讓人得到由內而外的放鬆。沖泡後的薰衣草又有怯痘消炎的作用，還可以治療頭痛、暈眩及腹痛。薰衣草的芳香也有助眠效果，將薰衣草裝在乾淨的小袋子裡放在枕頭下，有助於深度睡眠。勿忘我和薰衣草搭配，不但花茶的外觀會更好看，還會讓睡眠變得更美妙。勿忘我富含維生素 C，可減緩皺紋及黑斑的產生，促進肌體新陳代謝，有助於在睡夢中加強肌體的自身復。

牛奶是助眠良品，配合薰衣草煎治成飲品更能達到全身放鬆的效果。牛奶醇厚的味道可以遮蓋薰衣草有些刺激的香味以及勿忘我的苦澀。蜂蜜也有安眠的作用，其中的蜂膠可以達到修復肌膚、補水的功效。同時加入蜂蜜有助於提升口感，飲用起來格外香甜美味。

### ▼消火排毒，有效防治痘痘的神奇花茶：金銀花＋菊花＋百合＋冰糖

金銀花具有清熱解毒、通經活絡、護膚美容的功效，改善體內循環，促進有害物質的分解和排泄。早在古代，金銀花就已經用於去火解毒，還有殺菌的良效。

菊花也是經常被用於去火的花茶，味道清醇芳香，有散風清熱的作用。菊花中的類黃酮物質已經被證明對自由基有很強的清除作用，可以抗氧化，延緩皮膚衰老。同時，菊花中含有十七種氨基酸，富含維生素及鐵、鋅、銅、硒等微量元素，長期飲用可以達到保健的作用。

百合被稱為鮮花小人蔘，富含多種胡蘿蔔素、磷、鐵以及多種微量元素，能清火潤肺、安神利尿，還有一定的止咳效果。尤其適合在秋天飲用，更有溫潤的功效。冰糖也有去火的效果，更可以去除金銀花的苦澀，喝起來更加可口。針對自己的問題，選擇適合的花茶。

只要肯堅持下去，你就能看到自己身體由內而外的改變。不要再去迷信那些保養品了，從內部調理自己，讓自己的從內散發，像花一樣美麗。

只要肯堅持下去從內部調理自己，你就能看到自己身體由內而外的改變。

# 理財，要理得清晰、開心

養成理財的習慣有助於我們生活得更好，未雨綢繆，為未來做好準備。但是不要把理財變成負擔，更不要讓理財成為生活的中心。

阿浩是個粗心大意的人，總是「月光」，在家人的催促下他也開始理財。下載了很多幫助理財的軟體，也總是拿手機記錄，但錢還是莫名其妙地會就會花光。他也不知道問題到底出在了哪裡，感覺雖然在理財，但是財務狀況還是一團混亂。一會兒這個軟體記一筆帳，一會兒那個本子上寫一筆，有時候太累了就把這件事放在一邊，過後才想起來，又忘了到底花了多少錢。就這樣，雖然阿浩一直在理財，他依舊「月光」，依舊沒有存款。

琳子學過些理財，但她總是找不對理財途徑，別人推薦她什麼，她就去做什麼。最後自己虧了很多，也不好意思跟人說。有時候，她也想自己看些東西，去做些理財，可怎麼也抓不住時機，總是處在虧損的狀態。

亞美非常有經濟頭腦，本身學經濟的她也很喜歡理財。為了獲取最大的利潤，一到休息時間，她就會研究各大銀行的情況，按照國際形勢和國內形勢，再結合現在的經濟背景，盯著股票、期貨。手機軟體中，大多也都是和理財有關，只要有時間，她絕對都在低頭研究。雖然這樣讓她賺了些錢，她卻沒有那麼開心，總是處在焦慮中。時不時地就得看一眼股市或者期貨市場，一有新聞出來就處於緊張狀態，生怕自己錯過了機會。亞美經常失眠，在晚上她還要看這一天的新聞來決定怎麼投資。一旦賠了些錢，她的心情會就會更加不好。

理財，就要理得清晰。

就好像是阿浩，雖然在理財，但是自己在做什麼都不清楚，最後錢也沒有省下來，還浪費了很多時間。又或者像琳子一樣，總是找途徑理財，但自己也不知道什麼適合自己，最後還虧了本。

清晰地理財就要知道自己在做什麼，用最簡單的方式來記帳。不要和阿浩一樣理財軟體下載了很多，自己都不知道該用哪個好。要用就專心地只用一個，或乾脆用手寫的方式來代替軟體。清楚地記錄自己花的每一筆錢，每天睡前分項目地列出表格，清晰地記錄花費。這樣子日後看的時候，才會清楚明白，一目了然。

清晰地理財就要知道自己適合什麼。找到最適合自己的方式理財，不要跟隨別人的腳步。適合別人的不見得會適合你。要根據自己的情況，有選擇地、理智地理財。可以聽從別人的建議，但不要讓別人替你作決定，更不要別人說什麼是什麼。要有自己的想法，自己的了解。只有你才最了解自己的財務情況，才能知道什麼最適合自己。

如同亞美，理財雖然做得很成功，又很有頭腦，但生活中大部分時間都被理財佔用，不管在做什麼，心裡也都在想著理財方面的事情。不僅影響了日常生活，還影響了工作。這樣的理財就沒有達到讓生活更好的作用，反而成了一種負擔。

生活中除了理財，還有很多事情可以去做，不要因為總是想著多賺些錢，怕錯過機會而被理財綁架。理財的最初目的不就是為了讓生活更舒適、更開心嗎？讓自己從各種理財的訊息和軟體中解脫出來，換一種方式生活，更輕鬆地享受生活中其他的東西。

選擇理財產品也要選擇最適合自己的，不要盲目地為了追求利益，將自己的生活變成事務所。一步步打好基礎，讓自己的生活更有保障，讓內心更淡定一些。不要讓理財成為一種負擔，成為生活的壓力。

理財是為了讓生活更美好，只有理得清晰，才能真的實現對自己的財務進行有效管理；只有理得開心，理財才能發揮真正的作用。

**要告誡大家的是，理財是生活的一部分，不是生活的全部，不要本末倒置，以為理財可以錢生錢。**

想要清晰地理財就要知道自己適合什麼，找到最適合自己的方式理財，不要跟隨別人的腳步。

# 慢生活，珍惜身邊的小確幸

在捷克作家米蘭・昆德拉的小說《慢》中提到，**慢是一種已失傳的藝術**。我們生活在快速節奏的社會中，總是擔心稍微不注意就被甩在後頭。任何事情都講究快速和效率，於是，我們想盡辦法讓自己跟上腳步。

卻發現我們並不幸福。在盲目追尋的路上，慢慢地失去了自我，也找不到感到幸福的地方。有那麼一句話：慢下來，等一等靈魂。

是啊，慢下來，你才能感受到身邊的幸福，不要將它們甩在身後。其實幸福一直將你包圍，只是在你急於跟上時代的時候，將它們拋在了腦後。

要懷著感恩的心去看待生活，發現生活中那些細小不被發現的幸福。

在著名的法國電影《愛蜜莉的異想世界》中，女主角愛蜜莉就很擅長發現身邊的小幸福。一朵花的盛開、一個陌生人的微笑都讓她感到快樂。她也用自己的快樂去感染周圍的人，讓那些生活在陰鬱中的人們伸手擁抱陽光，她也得到了屬於自己的愛情。

幸福是由小事組成的，可能是吃到一份精緻可口的點心，可能是今天晚霞燦爛輝煌，也可能是遇見了自己心儀的對象。這些都是點滴的小幸福。

現在的人之所以不快樂是因為被欲望包裹了太久，忽略了上天賜予的幸福。想要追求的東西太多，只顧著眼前，而忘了當下。未來的事情尚未發生，當下其實才是最重要的。只顧著追逐的人，是永遠不會在意身邊的風景的。或許等他追逐到自己想要的東西，卻發現失去的更多。

身邊的小幸福，是那些經常被人忽略的小事，那些生活中的小瑣碎。**養一盆花，每天看著它如何破土而出，又如何亭亭玉立，綻開花瓣吐露芬芳。抬頭看看天上的流雲，在湛藍的天空中無憂無慮地飄浮著，變化成各種形狀。關心身邊的人，感恩家人對我們的的愛和支持，感恩朋友一直的陪伴。**

這些都是幸福，因為一直就在身邊，所以才容易被人遺忘。只有用心觀察，用心體會，才能明白這些道理。

在被譽為世界名著、成年人童話的《小王子》中，小王子感到非常奇怪，為什麼大人都忙碌地追求那些看起來很可笑的權力和金錢，而沒有人在意一朵玫瑰花。

是啊，我們要追求的東西實在是太多了，沒人在意身邊的那些東西，那些美好。而那些恰恰是我們所擁有的，只有懷著感恩的心去看、去體會，才能明白生活賜予了我們多麼美好的世界。

當你感到壓抑時，看一看那些盛開的鮮花充滿生命力地迎風搖擺，蹲下身去餵餵流浪貓，感受一下清風的微撫。又或者四處走走，來一塊自己一直想吃的甜點，讓甜美的氣息占領你的味蕾，讓美妙的甜蜜驅走內心的苦澀。

當你感到疲憊的時候，慢下來，看看身邊那些真正愛你的人。珍惜身邊的人，珍惜眼前的幸福，不要總是急於追求那些更高更遠的東西。當你覺得孤立無援的時候，不要忘記，真正愛你的人永遠都在你的身邊。

多花些時間在感受生活中的小幸福上，你也會被幸福感染。**在心理學上有個定律，就是如果你一直期待一件事發生，它就會真的發生。這是因為在你不斷想的時候，也在不斷地給自己心理暗示，推動著你不由自主地往這方面發展，也會花更多的精力去關注與之相關的事情。**

要懷著感恩的心去看待生活，發現生活中那些細小不被發現的幸福。

如果想要幸福，就要從體會身邊的小幸福開始，漸漸地，你會發現，你真的很幸福。

**有時候我們的走得很遠很快，但我們並不幸福。因為我們忘了，真正的幸福正是一直被我們忽略的，就在身邊。**

# 親近生活吧，簡而美地過生活

你有多久沒有踏實地生活過了？被各種事物纏住了步伐。多久沒有親手為自己做一頓美味的料理？多久沒有靜下心來看一本書？多久沒有陪父母去公園散散步？多久沒有走入大自然中感受自然的呼吸？

我們被城市綁架了太久，有太多的誘惑讓我們遠離了該有的生活。極簡就是要遠離那些喧囂，親近真正的生活。

有些人認為我們每天拚死拚活就是為了可以親近生活，每天穿梭在城市的辦公大樓中，全身心地投入工作，為了一點小事計較，為了讓自己能夠晉升、賺更多的錢而絞盡腦汁，甚至有些人為了攀爬而放棄自我。

他們覺得自己為了生活已經耗去了大半精力，哪裡還有精力和錢來生活呢？甚至覺得自己過的就是生活，只不過一些人的生活是用來享受，他們的生活是用來工作和養活自己。

其實這並不是生活，這只是最基本的生存而已，讓自己能夠活下去。生活不是電視劇和書中那種生活方式，不是去多麼豪華的餐廳吃大餐，也不是去最流行的酒吧喝酒，更不是困在辦公大樓裡對著電腦忙碌。真正的生活，其實是最簡單，也是最容易被人遺忘的小事。看起來稀鬆平常，但那卻是真正的生活，能夠帶來的也是真正的快樂。

不要讓自己每天都與快餐便當、速食這種沒有營養的食物為伍，去吸收一些真正的營養吧。每天花半個小時，為自己精心準備一份便當，再帶上自己喜歡的水果和優酪乳。在工作很累的時候，打開這份自己給自己的禮物，會覺得格外幸福。為自己製作一份禮物，製作一份驚喜，簡單而快樂。不要總被那些琳瑯滿目的商品迷失了自我，能自己動手做就自己動手，會感受到不一樣的樂趣。

在一部小清新風格的紀錄片《小森林》中，女主角就是這樣子。她遠離了都市生活，自己一個人回到小時候居住的村子，在自給自足中找尋快樂。自己動手醃製番茄醬，清香的味道是任何牌子的番茄醬都無法相比的。自己動手製作料理，用最

簡單地親近看生活，親近著大自然，帶來的快樂也是簡單而美的。

親近生活，就要讓自己從浮躁中解脫出來，不被那些欲望所誘惑，不被物質所迷惑，在忙碌中不失去自我。

天然的食材，用最簡單的方法進行烹調，最後做出的是獨一無二的美味，每吃下一口，都是滿足。

**簡單地親近生活，親近大自然，帶來的快樂也是簡單而美的。**

我們被物質包圍太久了，太多的人造物將生活填充，不用親自動手，很多事情都可以做到。這讓我們越來越遠離生活，流連在商品社會中不能自拔。做什麼事情都帶著目的性和目標性，生活也變得複雜、煩亂。

生活不只是享受，生活是需要用心去品味的。這不是賺多少錢、或是多麼忙碌可以替代的。生活不是掙扎，不是痛苦地為賺錢或買更貴的東西而消耗自己的精力和時間，更不是用盡心機往上走、成為人上人的過程。

生活是一種體驗，是一種過程，只要你真的熱愛生活，即使在忙碌中也可以親近生活，感受生活帶給你的美好和快樂。

親近生活，就要能親自去做事情，不要讓別人或是別的事情代替。在動手的過程中，你會體會到另一種快樂，在做完後，又會有購買所不能帶來的滿足感和成就感。自己做出的東西，才有自己的特色、自己的味道，這些是再好的商品也無法替代的。

親近生活，就是要慢下來，細心品味生活。不要被浮躁的風氣代替了思考，慢下來，追隨內心的步伐，認真地去觀察生活，體會生活中的小美好、小感動。可能是一朵花正在盛開，也有可能是一隻小貓對你溫柔地叫著。這些都是經常被忽略的美好，慢下來，耐心點，去感受，去體會。

親近生活，就是去做自己想做的事情，無關乎名利。生活不同於工作，親近生情就是要遠離工作的繁雜，只關注自己的內心。做自己喜歡的事情，不要去想會不會為自己帶來什麼名利方面的東西，用單純的心去做，就能得到單純的快樂。

親近生活，就是陪伴身邊那些真正值得愛的人。比如你的父母、你的愛人、你真正的朋友。花些時間在這些真正值得的人身上，和他們在一起，你會感到輕鬆快樂。不用費腦筋去研究什麼，不用花心思去討好、想辦法去溝通。用最舒適的方式和讓自己最舒服的人在一起，才是享受。

親近生活，就是要親近大自然，不要總被那些人造物包圍。看看美麗的自然，看看那些非人造的東西，你會感受到另一種美。我們被人工打造的精美圍繞了太久，眼睛都有些疲憊了。去自然中親近最原始的生命力，感受大自然的能量。這是任何人工都無法替代的美。

親近生活，就要讓自己從浮躁中解脫出來，不被那些欲望所誘惑，不被物質所迷惑，在忙碌中不失去自我。用心觀察，用心體會，用平和的心態去面對生活所給予的快樂和幸福，真正地靜下心過簡單而又美的生活。

# 為自己的成長「買單」

每個人都希望自己成為更好的人，成為更有魅力、更能掌控生活的人。每個人也都希望能過自己想要的生活。市面上有太多的書籍教你如何去做，如何變得漂亮、如何變得時尚。但是你要做的不只是把精力投入在外在，更重要的是培養你的氣質、你的內涵。

很多人領了薪水後，第一件事就是奔向商場去買自己心儀已久的衣服、包包、珠寶。花了大筆錢在這些東西上。但是她們真的因此變得更有魅力了嗎？

如果說靠錢就能堆砌出氣質，那也不是你自己的氣質，而是錢的氣質。曾經芽子也是這麼做的。為了讓自己更美，她每個月花很多錢在時尚雜誌上，花大量的時間去研究當季的流行，拉著閨蜜去逛街買衣服、買奢侈品。她還專門報名了時尚的課程，去學習如何讓自己變得更美。覺得這樣子就可以提升自己的魅力。

確實很有效果，很多人都誇芽子漂亮，會穿衣服、會打扮。但是和她接觸久了的人都會在私底下說，芽子也就是外表好看，沒有什麼內涵，也沒有氣質。這讓芽子很傷心，她一直覺得只要按照那些書把自己打扮好了，就能有氣質。

芽子的朋友阿蘭提醒她，如果一個人總是只關注自己的外在，那麼內在就會自然地枯萎。投資自己，不但要為自己的外在負責，更重要的是要培養內在。一個人外表再好看，如果沒有一技之長，沒有可以說出的東西，沒有豐富的內涵，依舊是沒有魅力的。說得好聽叫花瓶，說得難聽就是金玉其外，敗絮其中。

**想真正提升自己的魅力，就要為成長買單，而不是那些奢侈品和時尚商品。**

為自己的成長買單，就要去學習一技之長，讓自己能夠拿得出東西。

一技之長可以是彈奏一門樂器，可以是繪畫，甚至可以是烹飪。但是一定要有一技之長、在別人面前可以展現的東西。如果正好你有擅長的領域，就要不斷發展它，繼續學習，繼續往前走。一技之長會成為你魅力的亮點，也是你的個人標籤。

為自己的成長買單，就要讀很多的書，看很多的電影，發展自己的想法。

沒有自己想法的人只能人云亦云，隨波逐流。要形成自己的想法，就要有充分的知識存量，這就需要了解很多事情，了解很多種思想。只有這樣，你才能夠學會選擇和分辨，有自己的價值觀，不被別人控制。

養成獨立思考的能力，就需要大量的累積。在日常生活中，透過閱讀和看電影，去了解別人的想法，去了解最基本的知識，再結合自己的思考。培養自己的獨立思考，對事物也就有了自己的想法，讓你不同於人群。

**有自己想法的人才是個獨立、成熟的人。氣質是從思想中提煉的。**

為自己的成長買單，就不要拒絕任何新知識，只有不斷前進，才能有所成長。永遠不要停下學習的腳步，要了解和接受現在最新的知識、最新的事物。不要產生已經學夠了的心理。不管是和工作有關，還是和生活有關，總是有很多新的東西值得學習的。不要停下學習的腳步。

如果不是很忙，可以在休息時間報個課程，學習自己感興趣的東西。只有不斷地學習和接觸新的東西，才能夠挖掘自己的潛力，不斷地前進。

買的衣服可能會過時，買的奢侈品可能會不再流行，但投資自己永遠不會失敗。任何你學到的知識即使目前用不到，也都會成為你體內的一部分，幫助你成為更好的人。

只有不斷地投資自己，往自己想要的方向發展，才能過想要的生活。不要只把眼光盯在那些名牌上，轉向自己，看看自己哪裡值得提升，哪裡還不符合自己的要求。

人的精力是有限的，不要再把精力消耗在那些消耗品上了，要知道真正屬於你、可以作為支撐的，只有你自己啊。

報一門課，學習一項技能，發展自己的愛好，合理利用零碎時間，不替自己原地踏步找藉口。只要肯花時間，每個人都有成為心目中的自己的可能。

身邊的小幸福，是那些經常被人的忽略的小事。那些生活中的小瑣碎。

高寶書版集團
gobooks.com.tw

高寶文學 020
**生活越簡單，心靈越自由**
作　　者　*小野
主　　編　楊雅筑
責任編輯　陳柔含
美術編輯　彭立瑋
排　　版　趙小芳
企　　劃　荊晟庭

發 行 人　朱凱蕾
出　　版　英屬維京群島商高寶國際有限公司台灣分公司
　　　　　Global Group Holdings, Ltd.
地　　址　台北市內湖區洲子街 88 號 3 樓
網　　址　gobooks.com.tw
電　　話　(02) 27992788
電　　郵　readers@gobooks.com.tw（讀者服務部）
　　　　　pr@gobooks.com.tw（公關諮詢部）
傳　　真　出版部　(02) 27990909　行銷部 (02) 27993088
郵政劃撥　19394552
戶　　名　英屬維京群島商高寶國際有限公司台灣分公司
發　　行　希代多媒體書版股份有限公司 /Printed in Taiwan
初版日期　2018 年 6 月

原著書名：極簡力



國家圖書館出版品預行編目 (CIP) 資料

生活越簡單，心靈越自由／*小野著．-- 初版．--
臺北市：高寶國際出版：希代多媒體發行，2018.6
面；　公分．--（高寶文學：020）

ISBN 978-986-361-532-3 平裝）

1. 簡化生活　2. 生活指導

192.5　　　　107005592

GOBOOKS & SITAK GROUP©